BESTACTIVITYBOOKS.COM

ERSTE AUSGABE - Veröffentlicht 2022

Extra Grafikmaterial von: www.freepik.com
Dank an: Alekksall, Starline, Pch.vector, Rawpixel.com, Vectorpocket, Dgim-studio, Upklyak, Macrovector, Stockgiu, Pikisuperstar & Freepik.com Designers

5 TIPPS FÜR DEN ANFANG!

1) LÖSUNG DER RÄTSEL

Die Puzzles haben ein klassisches Format :

- Die Wörter sind ohne Abstand, Bindetrich usw... versteckt
- Richtung : vor-& rückwärts, auf & ab oder in der Diagonale (beider Richtungen)
- Die Wörter können übereinanderliegen oder sich kreuzen

2) AKTIVES LERNEN

Neben jedem Wort ist ein Abstand vorgesehen zum Aufschreiben der Übersetzung. Um ihre Kenntnisse zu überprüfen und zu erweitern befindet sich am Ende des Buches ein **WÖRTERBUCH**. Suchen sie die Übersetzungen, schreiben sie sie auf, dann können sie sie in den. Puzzles suchen und ihrem Wortschatz hinzufügen.

3) ANZEICHNUNG DER WÖRTER

Haben sie schon einmal versucht eine Anzeichnung zu verwenden? Sie könnten zum Beispiel die Wörter, die schwer zu finden sind, ankreuzen, die Wörter, die sie lieben, mit einem Stern, neue Wörter mit einem Dreieck, seltene Wörter mit einem Diamant usw ... anzeichnen

4) IHR LERNEN ORGANISIEREN

Am Ende dieser Ausgabe bieten wir auch ein praktisches **NOTIZBUCH** an. Ob im Urlaub, auf Reisen oder zu Hause, sie können ihr neues Wissen ganz einfach organisieren, ohne ein zweites Notizbuch zu benötigen!

5) SIND SIE AM SCHLUSS ?

Gehen sie zum Bonusbereich : **MONSTER-HERAUSFÖRDERUNG,** um ein kostenloses Spiel zu finden, das am Ende dieser Ausgabe angeboten wird !

Lust auf mehr Spaß und **Lernaktivitäten**? **Schnell und einfach :**
eine ganze Spielbuchsammlung mit einem einzigen Klick erhaltbar :

Mit diesem Link finden sie ihre nächste Herausforderung :

BestActivityBooks.com/MeineNachsteWortsuche

Achtung, fertig, ... Los !!

Wussten sie, dass es auf der Welt ungefähr 7.000 verschiedene Sprachen gibt ? Wörter sind kostbar.

Wie lieben Sprachen und haben schwer daran gearbeitet, die Bücher von höchster Qualität für sie zu entwerfen. Unsere Zutaten ?

Eine Auswahl von angepassten Lernthemen, drei große Scheiben Spaß, dann fügen wir einen Löffel schwieriger Wörter und eine Prise seltener Wörter hinzu. Wir servieren sie mit Sorgfalt und ein Maximum an Freude, damit sie die besten Wortspiele lösen und Spaß am Lernen haben.

Ihre Meinung ist wichtig. Sie können aktiv zum Erfolg dieses Buches beitragen, indem sie uns eine Bemerkung hinterlassen. Sagen sie uns, was ihnen an dieser Ausgabe am besten gefallen hat !!

Hier ist ein kurzer Link, der sie zu ihrer Bewertungsseite führt

BestBooksActivity.com/Rezension50

Vielen Dank für ihre Hilfe und viel Spaß

Linguas Classics

1 - Gesundheit und Wellness #2

Г	Ц	Б	И	К	Ж	А	С	С	А	М	Б	А	С	Ъ
Е	С	С	Е	Р	Т	С	П	В	Т	О	О	Л	П	Ш
Н	Л	Р	Ы	О	И	Д	О	Ь	Е	Б	Л	Л	А	Ц
Е	Л	У	И	В	Т	Б	Р	И	И	Ц	Ь	Е	Т	Ъ
Т	М	Х	Т	Ь	Е	Ж	Т	Р	Д	Ф	Н	Р	Ь	Н
И	Ь	Щ	С	Т	П	Ю	И	И	Ж	Д	И	Г	К	Л
К	П	Х	Я	Н	П	Ш	В	С	Ц	Ц	Ц	И	Я	С
А	С	Е	И	И	А	П	Н	К	Д	П	А	Я	Ъ	Я
В	Д	И	М	Д	Г	А	Ы	И	Ь	Ч	С	Ь	Ж	Д
А	Е	Н	О	О	А	Р	Й	Ы	В	О	Р	О	Д	З
Я	М	С	Т	И	Н	Ф	Е	К	Ц	И	Я	Ы	Н	Ъ
К	В	П	А	У	Ъ	И	С	Н	И	М	А	Т	И	В
Г	Ж	У	Н	Г	Н	Ж	Ъ	Ь	Э	Я	Г	Ж	А	Л
С	Т	Ц	А	И	Б	О	Л	Е	З	Н	Ь	В	Е	М
Г	И	Г	И	Е	Н	А	К	А	Л	О	Р	И	Я	Ж

АЛЛЕРГИЯ
АНАТОМИЯ
АППЕТИТ
КРОВЬ
ДИЕТА
ЭНЕРГИЯ
ГЕНЕТИКА
ЗДОРОВЫЙ
ВЕС
ГИГИЕНА
ИНФЕКЦИЯ
КАЛОРИЯ
БОЛЬНИЦА
БОЛЕЗНЬ
МАССАЖ
РИСКИ
СПАТЬ
СПОРТИВНЫЙ
СТРЕСС
ВИТАМИН

2 - Ozean

И	Ь	Р	Ф	Т	Т	К	Ь	Л	О	С	А	Ю	У	К
Ы	У	Ы	В	И	Л	И	Р	П	Т	У	Н	Е	Ц	Р
Б	В	А	Ч	К	Р	Ц	О	А	Ы	К	М	Ч	Л	Е
У	С	Т	Р	И	Ц	А	Г	Л	Б	О	Е	У	О	В
Ъ	Г	И	М	Б	К	Б	У	У	Щ	Р	Д	Г	Д	Е
Я	В	Я	Ж	Щ	У	Ы	Х	К	Н	А	У	Ю	К	Т
Б	Ъ	М	Ж	Х	Т	Р	И	А	Н	Л	З	Ц	А	К
А	Т	Е	Ш	Я	В	Ш	Я	К	О	Л	А	О	Щ	А
М	Ч	Е	Р	Е	П	А	Х	А	Г	У	Б	К	А	В
О	С	Ь	М	И	Н	О	Г	Ъ	Ю	Я	Н	Я	Е	О
Ж	Ф	Ю	В	Ъ	П	Х	Ф	Ч	Ь	Х	Т	Ы	Ц	Л
Н	Ф	Ч	Ь	Ю	Х	Д	Д	П	А	В	А	С	Ц	Н
В	Я	С	Ц	Ш	Я	Ы	П	Б	Ж	Л	Б	Щ	Н	Ы
Х	Р	Р	Л	В	П	Т	Л	Е	Ю	К	К	Е	Ж	И
Д	Е	Л	Ь	Ф	И	Н	И	Ъ	Г	Т	Ь	Ь	Ж	Ю

УГОРЬ
УСТРИЦА
ЛОДКА
ДЕЛЬФИН
РЫБА
КРЕВЕТКА
ПРИЛИВЫ
АКУЛА
КОРАЛЛ
КРАБ
ОСЬМИНОГ
МЕДУЗА
РИФ
СОЛЬ
ЧЕРЕПАХА
ГУБКА
БУРЯ
ТУНЕЦ
КИТ
ВОЛНЫ

3 - Krankheit

К	Й	Ы	Н	Ь	Л	А	И	Р	Е	Т	К	А	Б	И
О	Ы	С	Е	И	Н	Е	Л	А	П	С	О	В	Р	М
С	Н	И	В	Н	К	Ъ	Т	Ж	Г	У	Л	Ь	Ю	М
Т	З	Н	Р	В	М	Ш	С	Ю	Ч	Н	Е	Ы	Б	У
И	А	Д	О	Ж	В	А	К	У	Х	И	Т	Я	Р	Н
С	Р	Р	П	С	Л	А	Б	Ы	Й	С	Б	К	Ю	И
Х	А	О	А	Л	Е	Г	О	Ч	Н	Ы	Й	Я	Ш	Т
З	З	М	Т	В	Х	Ц	Г	И	Х	Ч	Щ	Г	Н	Е
Т	Д	Й	И	К	С	Е	Ч	И	Н	О	Р	Х	О	Т
С	Е	О	Я	Я	М	С	С	Г	Ы	Ч	Р	С	Й	Ъ
Г	Е	Р	Р	Ж	И	М	Р	Р	О	С	Т	Р	Ы	Й
Щ	Д	Р	А	О	Д	Д	В	Е	Х	Л	Д	М	Ж	Д
П	Р	Л	Д	П	В	Я	Ю	Л	Ю	П	Щ	П	А	И
М	Ь	У	Ф	Ц	И	Ь	О	Л	Х	К	Ь	А	К	Ш
Л	Ф	Ц	Г	Х	Е	Я	Е	А	Н	Л	К	Я	Д	А

БРЮШНОЙ
ОСТРЫЙ
АЛЛЕРГИИ
ЗАРАЗНЫЙ
БАКТЕРИАЛЬНЫЙ
ХРОНИЧЕСКИЙ
ВОСПАЛЕНИЕ
ЗДОРОВЬЕ
СЕРДЦЕ
ИММУНИТЕТ
КОСТИ
ТЕЛО
НЕВРОПАТИЯ
ЛЕГОЧНЫЙ
СЛАБЫЙ
СИНУС
СИНДРОМ
ТЕРАПИЯ

4 - Meditation

У	М	Х	Ф	Т	Ю	Б	Ж	М	Т	У	С	П	Ж	И
Н	Н	Ы	Ъ	Щ	Ю	М	Ы	Г	И	Ч	О	Е	С	Я
Р	Ж	Д	С	Ю	Р	Ю	Ь	Щ	Ш	Е	С	Р	П	С
Д	Е	Ц	Ъ	Л	Ф	Н	Х	Б	И	Н	Т	С	О	Н
У	М	Т	Д	Е	И	У	Г	Р	Н	И	Р	П	К	О
В	А	П	Р	И	Р	О	Д	А	А	Я	А	Е	О	С
У	Й	Ы	Н	Н	Е	В	Т	С	М	У	Д	К	Й	Т
Х	Ф	У	Ч	А	Ъ	Г	М	Ю	Щ	Щ	А	Т	Н	Ь
М	Н	Ы	Ф	Х	О	Щ	Щ	Щ	Б	Х	Н	И	Ы	С
Х	Ф	Ы	Ъ	Ы	М	У	З	Ы	К	А	И	В	Й	Ч
Г	М	Ф	Ю	Д	Ы	Т	Щ	Ф	К	О	Е	А	Т	А
В	Д	О	Б	Р	О	Т	А	Л	С	Щ	Ц	В	В	С
М	П	Р	И	Н	Я	Т	И	Е	Е	Ч	Ч	Ц	Е	Т
О	И	В	Н	И	М	А	Н	И	Е	Х	Ж	Р	Ц	Ь
Д	Ш	Р	Ъ	Д	В	И	Ж	Е	Н	И	Е	Щ	О	Е

ПРИНЯТИЕ
ДЫХАНИЕ
ВНИМАНИЕ
ДВИЖЕНИЕ
ДОБРОТА
МИР
МЫСЛИ
УМСТВЕННЫЙ
СЧАСТЬЕ
ЯСНОСТЬ
УЧЕНИЯ
СОСТРАДАНИЕ
МУЗЫКА
ПРИРОДА
ПЕРСПЕКТИВА
СПОКОЙНЫЙ
ТИШИНА
УМ

5 - Archäologie

Я	Б	К	З	А	Б	Ы	Т	Ы	Й	Н	Д	П	Х	Э
И	А	Ы	О	Е	Ю	К	Х	С	Н	Е	Р	Р	Ц	К
В	С	Т	Ч	С	Р	Ю	П	Ю	Е	И	Е	О	Д	С
К	Ю	К	М	У	Т	И	К	Н	Ю	З	В	Ф	Р	П
И	Х	Е	О	А	Л	И	Г	О	М	В	Н	Е	Е	Е
Л	Я	Ъ	Р	П	Ы	Я	Ь	С	Ф	Е	О	С	В	Р
Е	А	Б	Г	Я	А	Н	Ы	С	Ч	С	С	С	Н	Т
Р	Л	О	Э	Р	А	Е	Ш	О	Б	Т	Т	О	И	А
П	О	Т	О	М	О	К	М	Ф	Ш	Н	Ь	Р	Й	Н
О	Ц	Г	М	Т	Х	О	А	О	И	Ы	Л	Е	Н	А
М	И	Ч	Ш	Щ	А	М	Р	Ш	Е	Й	В	Т	Ю	Л
У	М	Я	Ж	Ь	С	Й	Х	У	Е	Н	Е	Л	Ш	И
М	Ь	Р	Р	Я	О	К	Н	Ю	Ф	Ш	Г	Н	У	З
Х	У	Ц	Щ	Ж	Ъ	Ы	А	А	Д	Н	А	М	О	К
Ю	Ъ	Ч	А	В	Л	О	Ц	Е	Н	К	А	Г	А	П

АНАЛИЗ
ДРЕВНОСТЬ
ОЦЕНКА
ЭРА
ЭКСПЕРТ
ИСКОПАЕМОЕ
ТАЙНА
МОГИЛА
КОСТИ
КОМАНДА
ПОТОМОК
ОБЪЕКТЫ
ПРОФЕССОР
РЕЛИКВИЯ
ХРАМ
НЕИЗВЕСТНЫЙ
ДРЕВНИЙ
ЗАБЫТЫЙ

6 - Gesundheit und Wellness #1

П	Л	Г	Г	У	В	К	П	А	Т	О	С	Ы	В	С
Б	Е	Е	У	С	Н	О	Г	К	Б	Е	У	М	Ж	Б
А	Е	Р	Ч	К	Р	С	Щ	Т	А	У	Р	Ю	С	Р
К	Ъ	Ш	Е	Е	Ч	Т	Х	И	К	А	И	Х	К	Е
М	Ю	У	Н	Л	Н	И	А	В	Т	А	В	Ъ	Г	Л
Ш	Ж	Б	Е	Ф	О	И	К	Н	Е	Ф	Н	Т	О	А
Щ	Т	Н	Р	Е	Ц	М	Е	Ы	Р	Т	Л	С	Л	К
Л	Д	Ц	В	Р	Л	Л	Т	Й	И	Ы	С	Ф	О	С
А	К	Ч	Ы	В	И	Р	П	Л	И	Г	Е	Х	Д	А
М	Б	Ж	А	Ч	П	Ф	А	К	И	Н	И	Л	К	Ц
В	Ц	С	Ф	Р	Т	Е	Р	А	П	И	Я	Ж	К	И
А	Щ	Ш	П	Ш	В	Г	О	Р	М	О	Н	Ы	О	Я
Р	М	Е	Д	И	Ц	И	Н	А	Ш	Б	Щ	Ь	Ж	Я
Т	П	Ы	У	Г	М	У	Х	Н	Х	Т	Ь	Л	А	Ц
К	Ы	Е	Ы	С	Я	У	П	Д	Ж	С	Г	Н	К	Л

АКТИВНЫЙ
АПТЕКА
ВРАЧ
БАКТЕРИИ
ЛЕЧЕНИЕ
РЕЛАКСАЦИЯ
ПЕРЕЛОМ
ПРИВЫЧКА
КОЖА
ГОРМОНЫ
ВЫСОТА
ГОЛОД
КЛИНИКА
КОСТИ
МЕДИЦИНА
НЕРВЫ
РЕФЛЕКС
ТЕРАПИЯ
ТРАВМА
ВИРУС

7 - Obst

Л	Ш	Ь	У	В	Б	Щ	О	Ь	Н	В	В	У	Ъ	П
Ц	Ь	Д	Е	А	Д	О	Г	Я	Ы	Ш	О	Т	А	В
Ы	Б	А	Я	О	В	Ь	Ы	С	О	Ы	Ш	О	Д	Г
П	Е	Р	С	И	К	О	Б	Ь	М	Ц	Н	М	О	Р
Н	К	Г	Б	В	Ю	О	К	А	Ш	Л	А	Р	И	У
Е	Й	О	Е	И	Я	К	Л	А	Н	И	Л	А	М	Ш
К	Ы	Н	Щ	К	П	О	Ю	Б	Д	А	И	К	С	А
Т	В	И	Ш	Н	Я	К	Д	Ь	Я	О	Н	И	Л	А
А	Е	В	Т	Д	Р	О	У	В	Й	Ч	О	В	И	Ъ
Р	Ж	Д	Ы	Н	Я	С	Е	Ъ	А	Г	М	Е	В	Щ
И	Н	Ь	Ь	Б	Ж	Н	Г	Щ	П	А	И	Ж	А	Ы
Н	А	Ъ	Г	Л	Ц	Х	Р	Н	А	К	Л	Е	Ь	Х
Ф	Р	Д	Ъ	Ф	Г	Ь	Ф	А	П	Б	У	Щ	Б	Ь
Д	О	Ц	Н	Ч	Г	Т	Л	Г	Г	Р	Ы	Р	Б	Ч
Ъ	А	Б	Р	И	К	О	С	А	Н	А	Н	А	Ъ	Т

АНАНАС
ЯБЛОКО
АБРИКОС
АВОКАДО
БАНАН
ЯГОДА
ГРУША
ЕЖЕВИКА
МАЛИНА
ВИШНЯ
КИВИ
КОКОС
ДЫНЯ
НЕКТАРИН
ОРАНЖЕВЫЙ
ПАПАЙЯ
ПЕРСИК
СЛИВА
ВИНОГРАД
ЛИМОН

8 - Universum

А	С	Т	Р	О	Н	О	М	С	Ш	Д	С	Т	Ч	Б
П	Т	Я	Ч	Й	И	К	С	Е	Ч	И	М	С	О	К
О	Р	Б	И	Т	А	И	К	Р	С	О	Р	Ч	Ж	Ф
К	У	П	Г	М	Т	Ж	А	Ч	Б	Р	О	О	А	Р
С	С	О	О	К	О	С	И	Ж	Ь	Е	Т	Х	Т	К
Е	В	Л	Р	М	Н	Н	Д	Ж	Ь	Т	А	Ю	О	А
Л	К	У	И	И	М	Ь	О	Л	Г	С	В	Ю	Г	К
Е	Х	С	З	Б	Е	О	З	Р	Т	А	К	А	Л	И
Т	Л	Ф	О	В	Т	Я	Н	Ч	Т	Р	Э	Ц	О	Т
Ц	У	Е	Н	Н	С	Т	Е	Б	Т	С	Ш	Ш	Д	К
Г	Н	Р	Т	Т	Е	М	Р	Ъ	У	Е	А	О	Б	А
Щ	А	А	Г	Ы	Ш	Б	В	И	Д	И	М	Ы	Й	Л
О	Ч	А	Р	Е	Ф	С	О	М	Т	А	Я	Д	С	А
С	О	Л	Н	Ц	Е	С	Т	О	Я	Н	И	Е	Ь	Г
Ж	Б	У	Щ	Ч	В	Е	Ч	Н	О	С	Т	Ь	Х	Я

АСТЕРОИД
АСТРОНОМ
АСТРОНОМИЯ
АТМОСФЕРА
ВЕЧНОСТЬ
ЭКВАТОР
ШИРОТА
ТЕМНОТА
ГАЛАКТИКА
ПОЛУСФЕРА
НЕБО
ГОРИЗОНТ
КОСМИЧЕСКИЙ
ДОЛГОТА
ЛУНА
ОРБИТА
ВИДИМЫЙ
СОЛНЦЕСТОЯНИЕ
ТЕЛЕСКОП
ЗОДИАК

9 - Camping

Г	Т	Ь	С	Ж	Т	Д	К	Ч	В	Ш	Ы	С	Г	В
Е	Щ	Б	Л	Г	Ж	Е	А	Ж	К	И	Щ	В	А	Ф
Н	Г	Т	Т	Т	Х	Р	Н	Ж	Ы	О	С	Н	М	П
А	А	Л	У	Н	А	Е	О	Е	Е	Ц	М	А	А	С
Б	П	С	М	С	С	В	Э	Ю	Р	И	В	П	К	Ш
П	Я	Н	Е	У	О	Ь	Н	О	Г	О	Е	У	А	Ъ
Ц	Л	М	Ж	К	С	Я	Ш	Л	В	В	С	Д	Я	С
Ф	Ш	Я	К	Е	О	С	Ц	Ч	Ы	Е	Е	Ц	Ъ	Ж
Ф	О	Х	О	Т	А	М	А	Ь	Я	Р	Л	В	М	И
Ю	О	Щ	Ш	И	Ш	Ц	О	Е	М	Е	Ь	О	К	В
Ц	О	Н	Ф	Т	О	У	Ч	Е	К	В	Е	З	А	О
Ы	Ы	О	А	Д	О	Р	И	Р	П	К	И	Е	Р	Т
Л	Е	С	Ь	Р	Ы	Г	Т	Л	Р	А	Ы	Р	Т	Н
Л	С	Н	Ж	Г	Ь	Ш	И	М	У	Г	О	О	А	Ы
П	А	Л	А	Т	К	А	С	А	Г	О	Р	А	Ж	Е

ДЕРЕВЬЯ
ГОРА
ОГОНЬ
ГАМАК
ШЛЯПА
НАСЕКОМОЕ
ОХОТА
КАНОЭ
КАРТА
КОМПАС
ФОНАРЬ
ЛУНА
ПРИРОДА
ОЗЕРО
ВЕРЕВКА
ВЕСЕЛЬЕ
ЖИВОТНЫЕ
ЛЕС
ПАЛАТКА

10 - Zeit

Н	Х	Л	В	И	М	Т	С	Ш	Ф	Л	М	Ю	Ы	Е
Ц	Е	Ю	Н	Д	У	Х	Ш	Щ	П	С	Е	Х	О	А
Н	И	Д	О	Ф	Ш	Ъ	У	Ц	Г	Ь	Ы	Г	Т	Ж
Г	Т	Щ	Е	Г	Г	Х	Ц	Х	Ь	В	С	А	Ч	В
О	Е	Ю	Ц	Л	К	А	Л	Е	Н	Д	А	Р	Ь	Е
Д	Л	П	М	Ц	Я	М	Т	С	Е	Й	Ч	А	С	К
Я	И	В	Е	Б	Ф	Е	С	У	Д	У	М	М	Е	Ц
Ч	Т	Ж	Ч	Г	Ц	С	Е	С	Н	В	Щ	Ф	Ж	А
Т	Я	Ш	Х	Е	Ю	Я	Г	Щ	Ф	И	Н	П	Е	А
Б	С	Ш	С	Т	Р	Ц	О	Д	К	Ю	М	О	Г	Ф
Ю	Е	С	Ы	Ю	Я	А	Д	У	Ш	Ж	Я	Л	О	Р
Ю	Д	Л	Н	Ъ	Ч	А	Н	Ю	Ж	Ж	П	Д	Д	Г
В	Ц	В	О	Р	Т	У	Я	Л	Н	П	М	Е	Н	Я
В	Е	Г	Ч	П	О	С	Л	Е	Р	Ч	Б	Н	Ы	В
Д	Е	Е	Ь	Б	У	Д	У	Щ	Е	Е	Х	Ь	Й	У

ВЧЕРА
СЕГОДНЯ
ГОД
ВЕК
ДЕСЯТИЛЕТИЕ
ЕЖЕГОДНЫЙ
СЕЙЧАС
КАЛЕНДАРЬ
МИНУТА
ПОЛДЕНЬ
МЕСЯЦ
УТРО
ПОСЛЕ
НОЧЬ
ЧАС
ДЕНЬ
ЧАСЫ
ДО
НЕДЕЛЯ
БУДУЩЕЕ

11 - Säugetiere

И	М	Б	Р	Ъ	Ф	П	Н	Ю	Г	Ц	К	И	Е	К
Х	Ь	Р	Ы	Н	Я	Ч	Х	В	П	Н	О	Л	С	Е
В	Я	А	А	К	Д	Р	Ш	Ж	Д	Ф	Й	Ш	Ц	Н
А	Ф	Р	Н	Щ	И	Я	Ф	Н	Н	Ф	О	Ш	Р	Г
О	Б	Е	З	Ь	Я	Н	А	С	И	Л	Т	И	К	У
Ь	Ф	Т	З	Ъ	Л	Ш	Р	Ц	М	Я	Л	Ь	И	Р
Ы	Ч	Н	Е	Х	О	Е	И	Щ	В	С	В	П	Г	У
Ч	Б	А	Б	Ф	Ч	Ц	Ж	Ю	Ъ	О	Ы	Ж	О	Ъ
В	Р	П	Р	Ь	Д	А	Ш	О	Л	Ж	В	Т	Р	Ч
Л	Е	В	А	Д	В	К	Д	П	Д	И	Щ	В	И	Р
Т	Ч	Ъ	Г	Е	В	А	Р	Г	И	Т	П	Т	Л	Ю
Р	И	Ф	Ч	В	М	Б	Б	Ы	Ъ	И	Н	У	Л	Х
В	О	Л	К	Д	О	О	О	Л	С	Р	Ч	Ж	А	Ь
Б	П	М	Ю	Е	Ю	С	Б	В	Щ	А	Ю	Щ	К	У
Ш	Щ	Р	Ю	М	П	Ч	У	Д	П	Ф	О	Р	В	Ы

ОБЕЗЬЯНА
МЕДВЕДЬ
БОБР
СЛОН
ЛИСА
ЖИРАФ
ГОРИЛЛА
СОБАКА
КЕНГУРУ
КОЙОТ
ЛЕВ
ПАНТЕРА
ЛОШАДЬ
КРЫСА
ОВЦА
БЫК
ТИГР
КИТ
ВОЛК
ЗЕБРА

12 - Algebra

У	И	Я	И	Ц	К	А	Р	Ф	Р	П	Ч	Б	А	Ж
У	Р	Б	Ч	Б	Д	Т	Е	О	Е	Е	Ю	Е	Д	О
П	У	А	О	Й	П	И	Ш	Р	Ш	Р	П	С	И	Ш
Р	Х	А	В	Ы	Р	Ж	Е	М	А	Е	Р	К	А	Л
О	Щ	Ь	Т	Н	Ш	П	Н	У	Т	М	О	О	Г	С
Щ	Ь	У	С	Й	Е	М	И	Л	Ь	Е	Б	Н	Р	У
А	М	А	Е	Е	Е	Н	Е	А	Р	Н	Л	Е	А	М
Т	Ь	Г	Ч	Н	Щ	С	И	Д	Р	Н	Е	Ч	М	М
Ь	Р	Ю	И	И	Ц	Ч	Ш	Е	Н	А	М	Н	М	А
Ч	Ч	Г	Л	Л	О	Ж	Н	Ы	Й	Я	А	Ы	А	Щ
Р	И	Д	О	Ъ	М	А	Т	Р	И	Ц	А	Й	И	А
У	К	С	К	Ф	А	К	Т	О	Р	Н	У	Л	Ь	Г
Х	Н	Ь	Л	Э	К	С	П	О	Н	Е	Н	Т	Я	Ы
Ю	Р	О	Р	О	В	Ы	Ч	И	Т	А	Н	И	Е	Я
М	Е	С	Г	Т	Ш	О	Щ	Ы	Н	С	Н	Ъ	Ф	Щ

ФРАКЦИЯ
ДИАГРАММА
ЭКСПОНЕНТ
ФАКТОР
ЛОЖНЫЙ
ФОРМУЛА
УРАВНЕНИЕ
ЛИНЕЙНЫЙ
РЕШАТЬ
РЕШЕНИЕ
МАТРИЦА
КОЛИЧЕСТВО
НУЛЬ
ЧИСЛО
ПРОБЛЕМА
ВЫЧИТАНИЕ
СУММА
БЕСКОНЕЧНЫЙ
ПЕРЕМЕННАЯ
УПРОЩАТЬ

13 - Diplomatie

А	Н	Х	Ъ	Я	Д	О	Г	О	В	О	Р	Ъ	П	Ц
П	Р	А	В	И	Т	Е	Л	Ь	С	Т	В	О	О	Е
Э	Т	Е	С	Ц	Е	И	Х	Ч	А	Ш	Г	Я	С	Л
Т	К	И	О	Ю	Ж	Н	М	Я	Я	Р	Ц	К	О	О
И	И	Н	В	Л	К	Е	П	Ь	Е	О	П	Ю	Л	С
К	Л	Е	Е	О	Т	Ш	Ч	О	К	Ч	У	Ц	Ь	Т
А	Ф	Д	Т	З	П	Е	Ф	Ц	Ы	Д	Ш	Р	С	Н
П	Н	Ж	Н	Е	Ш	Р	Л	Я	З	Ы	К	И	Т	О
Ш	О	У	И	Р	П	О	Л	И	Т	И	К	А	В	С
К	К	С	К	Г	Р	А	Ж	Д	А	Н	Е	Е	О	Т
И	М	Б	О	В	Т	С	Е	Щ	Б	О	О	С	К	Ь
Ъ	Х	О	У	Л	С	О	Ю	З	Н	И	К	П	Ы	Ю
Ъ	Г	У	М	А	Н	И	Т	А	Р	Н	Ы	Й	К	Л
Б	Е	З	О	П	А	С	Н	О	С	Т	Ь	Р	Ы	Я
И	Н	О	С	Т	Р	А	Н	Н	Ы	Й	Ю	Ю	Ы	Л

РЕЗОЛЮЦИЯ
ИНОСТРАННЫЙ
СОВЕТНИК
ПОСОЛЬСТВО
ПОСОЛ
ГРАЖДАНЕ
ОБСУЖДЕНИЕ
ЭТИКА
СООБЩЕСТВО
ГУМАНИТАРНЫЙ
ЦЕЛОСТНОСТЬ
КОНФЛИКТ
РЕШЕНИЕ
ПОЛИТИКА
ПРАВИТЕЛЬСТВО
БЕЗОПАСНОСТЬ
ЯЗЫКИ
СОЮЗНИК
ДОГОВОР

14 - Astronomie

М	Т	Ю	О	Ц	К	А	С	Т	Е	Р	О	И	Д	О
Е	Е	Т	В	А	Н	О	Р	Т	С	А	А	И	Л	Б
Т	Л	И	Ы	Ц	Г	А	М	К	И	Н	Т	У	П	С
Е	Е	С	Ы	Я	А	Н	Н	Е	Л	Е	С	В	Ч	Е
О	С	З	Е	М	Л	Я	М	Ю	Т	И	Ч	Ш	К	Р
Р	К	Т	Т	Г	А	З	Г	Ж	Т	А	Ъ	П	Д	В
М	О	Ц	Р	Ь	Т	С	О	Н	Н	А	М	У	Т	А
О	П	Ъ	Т	П	Е	О	И	Д	Щ	М	Ь	Ы	Ц	Т
Н	И	Т	Д	Я	К	М	Ж	Р	И	Т	К	У	Щ	О
О	Р	А	С	Я	А	С	Ы	Ж	Х	А	Н	У	Л	Р
Р	Т	В	К	Л	Р	О	Д	Ц	Д	Д	К	Ю	А	И
Т	Н	Е	Б	О	Ь	К	Ь	И	П	З	Ц	О	О	Я
С	В	Е	Р	Х	Н	О	В	А	Я	Е	Т	Ч	Д	Т
А	Т	Е	Н	А	Л	П	М	Б	С	В	Д	В	В	Я
Д	С	О	З	В	Е	З	Д	И	Е	З	Д	В	Д	Х

АСТЕРОИД
АСТРОНАВТ
АСТРОНОМ
ЗЕМЛЯ
НЕБО
КОМЕТА
СОЗВЕЗДИЕ
КОСМОС
МЕТЕОР
ЛУНА
ТУМАННОСТЬ
ОБСЕРВАТОРИЯ
ПЛАНЕТА
РАКЕТА
СПУТНИК
ЗВЕЗДА
СВЕРХНОВАЯ
ТЕЛЕСКОП
ЗОДИАК
ВСЕЛЕННАЯ

15 - Ballett

А	У	Д	И	Т	О	Р	И	Я	М	Ц	Д	Б	Ы	К
С	В	Я	С	Ц	Т	Ю	Щ	И	Ы	Ь	Л	И	Т	С
С	М	У	Л	Е	Ь	К	Щ	Ц	Ш	Т	Х	Ш	Н	Х
Т	П	Р	А	К	Т	И	К	А	Ц	С	П	Щ	Е	И
Р	Е	П	Е	Т	И	Ц	И	Я	Ы	О	Т	Х	М	П
В	Ы	Р	А	З	И	Т	Е	Л	Ь	Н	Ы	Й	С	Б
Т	И	О	К	Щ	Т	С	Х	Ш	Щ	В	Н	Б	И	А
А	Ц	Т	Ы	Я	Е	Е	Ъ	Ш	Б	И	А	Р	Д	Л
Д	Н	И	З	К	Х	Ж	Я	Я	Т	С	В	Ю	О	Е
Ъ	Х	З	У	Ъ	Н	Н	Р	Ю	Ц	Н	Ы	Ь	Л	Р
С	Л	О	М	Ф	И	Г	И	М	Р	Е	К	Ф	П	И
Д	М	П	Ц	Д	К	Ь	Т	И	В	Т	Х	Ч	А	Н
Ы	Я	М	Е	Н	А	Т	М	Л	Б	Н	М	Д	Б	А
А	Т	О	Т	А	Н	Ц	О	Р	Ы	И	С	О	Л	О
Б	Щ	К	Р	Х	П	И	О	Р	К	Е	С	Т	Р	Н

АПЛОДИСМЕНТЫ
ВЫРАЗИТЕЛЬНЫЙ
БАЛЕРИНА
НАВЫК
ЖЕСТ
ИНТЕНСИВНОСТЬ
КОМПОЗИТОР
МУЗЫКА
МЫШЦЫ
ОРКЕСТР
ПРАКТИКА
РЕПЕТИЦИЯ
АУДИТОРИЯ
РИТМ
СОЛО
СТИЛЬ
ТАНЦОРЫ
ТЕХНИКА

16 - Geologie

С	Ы	К	Г	Ц	П	Ц	М	Н	М	М	Т	К	Щ	Н
О	Е	Я	И	З	О	Р	Э	П	И	Ы	И	Р	В	Д
Л	И	К	А	С	Я	Т	Н	Е	Н	И	Т	Н	О	К
Ь	Н	Щ	А	Л	Л	Щ	Ц	Т	Е	В	К	Б	Г	Щ
Н	Е	А	У	М	И	О	Н	Н	Р	Д	А	Я	Г	Е
Л	С	У	Б	В	Е	Ш	Т	В	А	Х	Л	К	Щ	Ь
А	Я	Ж	В	К	Ь	Н	П	А	Л	Л	А	Р	О	К
В	Р	К	В	А	Р	Ц	Ь	Л	Ы	М	Т	З	Е	Ф
А	Т	К	А	Л	Ь	Ц	И	Й	А	Н	С	О	С	Д
П	Е	Щ	Е	Р	А	М	Ч	Х	Т	Т	П	Н	Ъ	Ф
Ы	Л	А	Д	Л	Г	Е	Й	З	Е	Р	О	А	Ц	Г
Ь	М	Р	А	С	П	Л	А	В	Л	Е	Н	Н	Ы	Й
Щ	Е	С	Т	А	Л	А	Г	М	И	Т	Ы	У	И	С
И	З	С	Ж	Х	Ш	В	У	Л	К	А	Н	Г	Б	С
И	С	К	О	П	А	Е	М	О	Е	Ю	К	М	П	П

ЗЕМЛЕТРЯСЕНИЕ
ЭРОЗИЯ
ИСКОПАЕМОЕ
РАСПЛАВЛЕННЫЙ
ГЕЙЗЕР
ПЕЩЕРА
КАЛЬЦИЙ
КОНТИНЕНТ
КОРАЛЛ
ЛАВА
МИНЕРАЛЫ
ПЛАТО
КВАРЦ
СОЛЬ
КИСЛОТА
СТАЛАГМИТЫ
СТАЛАКТИТ
КАМЕНЬ
ВУЛКАН
ЗОНА

17 - Wissenschaft

М	О	Т	А	М	Г	М	Р	П	Ь	Н	Т	Ь	П	Х
И	Л	Ф	Я	Ф	И	Б	О	А	Р	С	В	Х	Л	Н
Н	Ш	О	Ъ	Х	П	У	Р	Л	С	И	Ш	Е	Е	А
Е	О	Ю	С	К	О	К	Ц	Ы	Е	Т	Р	Г	Т	Ш
Р	Ф	С	Г	Х	Т	К	Б	Р	Ы	К	Е	О	П	Х
А	Ф	Ф	Ъ	Ф	Е	Ы	Н	Н	А	Д	У	Н	Д	Б
Л	Ф	Ф	Щ	Б	З	Ф	И	З	И	К	А	Л	И	А
Ы	Б	Я	И	Ц	А	Т	И	В	А	Р	Г	О	Ы	Я
Э	К	С	П	Е	Р	И	М	Е	Н	Т	А	Р	Ц	И
Л	А	Б	О	Р	А	Т	О	Р	И	Я	Й	Г	И	Ц
М	Е	Т	Ю	К	Л	И	М	А	Т	А	Ы	А	Т	Ю
Е	Н	Ц	У	Р	Я	Ф	А	К	Т	Ш	Н	Н	С	Л
Т	Ь	И	С	К	О	П	А	Е	М	О	Е	И	А	О
О	Х	И	М	И	Ч	Е	С	К	И	Е	Ч	З	Ч	В
Д	В	Г	М	П	Х	Н	Г	Т	Д	Т	У	М	В	Э

АТОМ
ХИМИЧЕСКИЕ
ДАННЫЕ
ЭВОЛЮЦИЯ
ЭКСПЕРИМЕНТ
ИСКОПАЕМОЕ
ГИПОТЕЗА
КЛИМАТ
ЛАБОРАТОРИЯ
МЕТОД

МИНЕРАЛЫ
МОЛЕКУЛЫ
ПРИРОДА
ОРГАНИЗМ
ЧАСТИЦЫ
РАСТЕНИЯ
ФИЗИКА
ГРАВИТАЦИЯ
ФАКТ
УЧЕНЫЙ

18 - Bildende Kunst

А	Р	Х	И	Т	Е	К	Т	У	Р	А	Я	П	П	Г
Т	Р	Е	Б	Ь	Л	О	М	Ь	Л	И	Ф	О	Е	Г
О	Б	Х	Ц	Т	Ъ	П	А	Ч	Т	Ь	М	Р	Р	И
Б	К	Ь	Р	С	С	Ъ	К	А	Г	У	Ъ	Т	С	Щ
Ы	Т	Л	Ъ	О	Б	Т	И	Т	Ч	М	П	Р	П	Б
Г	Ч	Е	А	Н	Р	С	М	Ю	О	М	Х	Е	Е	А
Ь	Л	Е	М	В	У	Ш	А	Ж	Е	М	О	Т	К	Р
У	И	И	Я	И	Ф	А	Р	Г	О	Т	О	Ф	Т	У
Г	Т	С	Н	Т	В	Д	Е	Ь	Ы	Ш	Г	К	И	Т
О	Л	О	Д	А	В	Н	К	И	Д	У	Р	Х	В	П
Л	А	С	Т	Е	Р	А	Ф	А	Р	Т	В	Ъ	А	Ь
Ь	К	Т	С	Р	Ъ	Р	К	Е	Д	И	Е	О	Т	Л
Е	Х	А	В	К	Ц	А	Н	Ч	М	Н	Д	Х	С	У
Ч	С	В	Я	Ы	П	К	Ш	Ъ	У	Н	Е	Л	Ж	К
Ю	И	Х	У	Д	О	Ж	Н	И	К	Р	Ш	У	Г	С

АРХИТЕКТУРА
КАРАНДАШ
ФИЛЬМ
ФОТОГРАФИЯ
УГОЛЬ
КЕРАМИКА
КРЕАТИВНОСТЬ
МЕЛ
ХУДОЖНИК
ЛАК
ШЕДЕВР
ПЕРСПЕКТИВА
ПОРТРЕТ
ТРАФАРЕТ
СКУЛЬПТУРА
МОЛЬБЕРТ
РУЧКА
ГЛИНА
ВОСК
СОСТАВ

19 - Sport

Г	С	Д	Ь	Т	А	В	А	Л	П	Г	О	Л	Ь	Ф
И	У	В	В	Ш	Н	Е	М	С	Т	Р	О	П	С	О
М	Д	И	М	Х	Х	Л	О	Б	Т	Е	К	С	А	Б
Н	Ь	Ж	Л	Ы	Р	О	С	И	Г	Р	О	К	У	У
А	Я	Е	Л	О	Б	С	Й	Е	Б	Ц	Х	Р	И	Л
З	В	Н	Б	Р	Х	И	И	Х	Ф	Т	Г	Ч	Я	Ц
И	Ч	И	И	М	Р	П	И	Е	Х	В	Х	Е	Т	Ы
Я	У	Е	Ю	Ь	Й	Е	К	К	О	Х	Ш	М	Е	С
Г	В	Ж	М	Н	А	Д	Н	А	М	О	К	П	Н	Т
И	Ж	Л	Г	А	Р	В	Ж	Е	О	Х	О	И	Н	А
Ю	П	Н	С	В	Г	Ц	У	Т	Р	Щ	К	О	И	Д
П	О	Б	Е	Д	И	Т	Е	Л	Ь	Т	В	Н	С	И
Г	И	М	Н	А	С	Т	И	К	А	Ж	Т	А	Х	О
Ж	И	У	И	Ф	С	У	Щ	А	Ю	Е	С	Т	И	Н
П	Ю	В	Ы	Х	Д	П	Ч	Н	А	Б	А	Т	У	Р

СПОРТСМЕН
БЕЙСБОЛ
БАСКЕТБОЛ
ДВИЖЕНИЕ
ХОККЕЙ
ВЕЛОСИПЕД
ПОБЕДИТЕЛЬ
ГОЛЬФ
ГИМНАЗИЯ
ГИМНАСТИКА
КОМАНДА
ЧЕМПИОНАТ
СУДЬЯ
ПЛАВАТЬ
ИГРА
ИГРОК
СТАДИОН
ТЕННИС
ТРЕНЕР

20 - Mythologie

М	О	Р	Г	В	Б	С	М	Е	Р	Т	Н	Ы	Й	Р
О	У	Л	В	О	Г	Е	И	Н	А	Д	З	О	С	Б
Л	У	Е	А	Л	Я	А	С	Е	Б	Е	Н	О	У	Т
Н	К	Г	Р	Ш	М	В	Д	С	Н	Р	Г	Д	К	Е
И	О	Е	Х	Е	Х	О	Ц	С	М	Х	Е	Ь	Ф	Н
Я	Ъ	Н	Е	Б	И	И	Ч	У	Щ	Е	А	Л	И	С
Р	Ч	Д	Т	Н	Т	Н	А	Д	У	С	Р	Ф	Ь	Б
С	Е	А	И	Ы	У	Е	О	М	Ю	У	У	Т	Я	М
Р	Ъ	В	П	Й	О	Р	Е	Г	О	Щ	Т	Н	И	М
Ъ	А	Щ	Н	М	О	Н	С	Т	Р	Е	Ь	И	Г	Е
Ю	П	Г	Ю	О	Ч	С	С	Н	Ц	С	Л	Р	М	П
А	Ф	О	Р	Т	С	А	Т	А	К	Т	У	И	Е	Т
Я	Д	Г	С	Г	Ф	Т	Ы	Г	Ж	В	К	Б	С	Н
А	В	О	У	Ф	И	И	Ь	Б	М	О	Щ	А	Т	П
П	О	В	Е	Д	Е	Н	И	Е	Л	Е	Т	Л	Ь	К

АРХЕТИП
МОЛНИЯ
ГРОМ
РЕВНОСТЬ
ГЕРОЙ
НЕБЕСА
КАТАСТРОФА
СОЗДАНИЕ
СУЩЕСТВО
ВОИН
КУЛЬТУРА
ЛАБИРИНТ
ЛЕГЕНДА
ВОЛШЕБНЫЙ
МОНСТР
МЕСТЬ
СИЛА
СМЕРТНЫЙ
БЕССМЕРТИЕ
ПОВЕДЕНИЕ

21 - Kraft und Schwerkraft

Р	Р	Б	С	Р	А	С	С	Т	О	Я	Н	И	Е	Д
А	Ъ	А	К	И	Н	А	Х	Е	М	У	К	Е	С	И
С	Ф	Г	О	Х	Д	О	Р	У	Д	П	Ы	И	К	Н
Ш	Ш	Ж	Р	Ж	Л	Ч	Ь	Б	А	В	Е	С	А	А
И	Ц	Ц	О	Ц	Ц	С	В	О	Й	С	Т	В	А	М
Р	Щ	Л	С	Е	Ц	Ь	О	О	В	Ш	Ф	А	Т	И
Е	Д	Р	Т	Н	Б	Ш	Г	Т	А	Р	И	Л	М	Ч
Н	Д	А	Ь	Т	Е	Ч	А	О	К	Щ	Е	Ф	С	Е
И	Л	Ш	В	Р	А	Я	Ц	С	И	Р	Ш	М	Ц	С
Е	Х	С	Ю	Л	Н	Я	Я	Ь	З	Ъ	Ы	Р	Я	К
Х	В	У	Щ	Н	Е	О	Р	Б	И	Т	А	Т	Л	И
Л	Т	В	И	Д	О	Н	Г	И	Ф	В	Е	Ы	И	Й
Я	Ч	И	А	У	М	З	И	Т	Е	Н	Г	А	М	Е
П	Л	А	Н	Е	Т	Ы	Б	Е	И	Н	Е	Р	Т	С
У	Н	И	В	Е	Р	С	А	Л	Ь	Н	Ы	Й	Х	Р

РАССТОЯНИЕ
ОСЬ
ЦЕНТР
ДАВЛЕНИЕ
ДИНАМИЧЕСКИЙ
СВОЙСТВА
ОТКРЫТИЕ
РАСШИРЕНИЕ
СКОРОСТЬ

ВЕС
МАГНЕТИЗМ
МЕХАНИКА
ОРБИТА
ФИЗИКА
ПЛАНЕТЫ
ТРЕНИЕ
УНИВЕРСАЛЬНЫЙ
ВРЕМЯ

22 - Restaurant #2

С	М	Р	Ч	Е	О	М	Т	В	А	Б	Ш	Я	Ш	Щ
Ш	О	А	К	А	Б	Б	О	О	Р	Д	Х	Ф	Ш	Ю
Ч	Б	К	Ц	С	Е	Д	Р	Д	Н	Д	В	О	Е	Ф
А	Ю	Ж	Д	Ф	Д	Ф	Т	А	Р	П	К	И	Ь	М
О	В	О	Щ	И	Р	Х	Я	А	К	С	У	К	А	З
Ф	Я	Л	Е	Д	С	У	Ш	Н	Ж	Е	С	С	К	Р
Р	Ч	У	Р	Р	А	Л	К	П	Ц	И	Н	В	Л	О
А	Я	Т	Ы	Г	Л	И	О	Т	Ш	Ж	Ы	С	И	В
Я	Н	С	Б	К	А	К	Т	В	Т	Т	Й	О	В	Л
Ф	И	Я	А	Ы	Т	Я	И	Х	Я	Щ	М	Л	А	А
Ъ	Ш	Г	М	А	Ш	Я	П	М	Ц	Й	Л	Ь	О	П
Ю	Т	Ю	К	П	Д	И	А	Ы	Ъ	Г	Ц	Ш	Ч	Ш
И	У	Ш	Ш	С	Щ	М	Н	Ю	К	Л	Ц	А	А	А
У	О	И	Л	М	Л	Ъ	Х	А	Ф	Н	У	А	У	Н
Я	С	П	Е	Ц	И	И	О	Ф	И	Ц	И	А	Н	Т

ОБЕД
ЯЙЦА
ЛЕД
РЫБА
ФРУКТ
ВИЛКА
ОВОЩИ
НАПИТОК
СПЕЦИИ
ОФИЦИАНТ
ВКУСНЫЙ
ТОРТ
ЛОЖКА
ЛАПША
САЛАТ
СОЛЬ
СТУЛ
СУП
ЗАКУСКА
ВОДА

23 - Schokolade

К	Ж	И	О	А	И	И	Ц	Ы	П	Е	Б	Ц	К	И
Ц	О	П	Ж	Й	Р	Ч	В	Д	Ф	И	П	О	А	Н
Х	В	К	Н	И	А	О	А	Р	А	Х	И	С	Р	Г
С	Т	К	О	К	Х	Т	М	Н	М	Л	И	У	А	Р
Ь	С	Б	Ц	С	А	Ф	О	А	Ж	Ю	Р	К	М	Е
Т	Е	Г	Т	Е	С	Я	Ч	Ю	Т	Б	О	В	Е	Д
Е	Ч	Ш	П	Ч	П	Ы	Х	Н	О	И	Л	Б	Л	И
Ч	А	Х	Р	И	Т	Т	Ч	Д	Н	М	А	Щ	Ь	Е
Т	К	К	К	Т	П	Е	Ц	Е	Р	Ы	К	О	Ь	Н
П	Я	О	Ш	О	К	Ы	В	И	Р	Й	Щ	Щ	А	Т
К	Ц	П	А	З	С	Л	А	Д	К	И	Й	Ж	Ш	Р
Ч	Щ	Ш	К	К	П	О	Р	О	Ш	О	К	Ч	Д	У
Т	Щ	Т	Н	Э	А	Л	Ъ	Ц	Ц	Ж	А	Д	К	Ч
Г	Б	Г	О	Р	Ь	К	И	Й	Ы	Н	С	У	К	В
А	Н	Т	И	О	К	С	И	Д	А	Н	Т	Ц	Н	К

АНТИОКСИДАНТ
АРОМАТ
ГОРЬКИЙ
АРАХИС
ЭКЗОТИЧЕСКИЙ
ЛЮБИМЫЙ
ВКУС
КАКАО
КАЛОРИИ
КАРАМЕЛЬ
КОКОС
ВКУСНЫЙ
ПОРОШОК
КАЧЕСТВО
РЕЦЕПТ
СЛАДКИЙ
САХАР
ИНГРЕДИЕНТ

24 - Boote

И	Ъ	К	Д	В	С	Б	Щ	В	Б	М	Ь	Р	Х	М
О	Х	А	В	К	Р	Х	Х	В	У	Я	А	Ь	М	В
П	О	А	И	И	Д	Ч	Ф	О	Й	Ф	О	Ч	Ц	А
У	Ы	И	Г	Д	Л	Ч	Б	Л	С	Ъ	Х	И	Т	Ы
Ь	М	Е	А	О	Ы	И	Б	Н	Ю	П	Д	С	О	А
С	Е	С	Т	Ю	И	Х	Р	Ы	Я	Х	Т	А	Л	Б
П	Е	Ж	Е	К	С	Ж	А	П	И	К	Э	Н	П	Н
Ч	А	А	Л	Л	Я	С	В	Л	Г	Т	К	А	Я	К
И	Щ	Р	Ь	Е	Ь	Э	Ч	Г	У	С	Я	Е	Н	Ю
Ч	Р	Н	О	Г	М	О	Р	Е	Р	Т	Р	К	Т	И
Ч	В	Ю	Щ	М	Я	Н	К	Ъ	А	Р	О	О	Т	А
К	О	О	Ц	Л	Ф	А	Т	О	Ш	Р	М	Д	К	Ч
Х	Ц	И	П	В	Б	К	Я	К	О	Р	Ь	О	Д	Ы
Ъ	Р	Е	К	А	К	В	Е	Р	Е	В	Ь	К	Н	О
Ж	О	З	Е	Р	О	Н	Г	М	О	Р	С	К	О	Й

ЯКОРЬ
БУЙ
ЭКИПАЖ
ДОК
ПАРОМ
ПЛОТ
РЕКА
КАЯК
КАНОЭ
МАЧТА
МОРЕ
ДВИГАТЕЛЬ
МОРСКОЙ
ОКЕАН
ОЗЕРО
МОРЯК
ВЕРЕВКА
ПРИЛИВ
ВОЛНЫ
ЯХТА

25 - Stadt

Т	Е	К	Р	А	М	Р	Е	П	У	С	Н	Х	Ъ	Г
Й	Е	З	У	М	Ь	Ц	Е	О	С	Ц	У	Я	Ш	А
Т	В	А	У	Н	И	В	Е	Р	С	И	Т	Е	Т	Л
Ш	К	А	Т	А	Э	Р	О	П	О	Р	Т	Л	Ш	Е
Р	Г	Ж	П	Р	Щ	Г	Н	Л	Щ	Щ	Я	Н	Ш	Р
Ы	Е	Ш	Б	Т	Н	А	И	Ъ	А	П	Ч	Т	Д	Е
П	Н	Ш	Д	О	Е	В	К	П	Ы	Ъ	Ь	Ц	С	Я
К	О	Н	Ы	Р	А	К	Е	Т	О	И	Л	Б	И	Б
Ф	Л	А	Л	М	Р	С	А	С	Ж	О	Е	Ы	П	К
Л	А	И	Щ	Е	Ц	Ъ	Н	А	Р	О	Т	С	Е	Р
О	С	Ш	Н	М	Е	Ч	Л	У	Ф	У	О	Ф	К	А
Р	П	Г	П	И	Б	А	Н	К	Н	Г	Ю	О	А	П
И	Ц	А	Н	Л	К	С	Т	А	Д	И	О	Н	Р	О
С	К	Р	Ц	С	В	А	Л	О	К	Ш	Н	В	Н	О
Т	В	Т	О	Ь	Щ	Ж	У	К	Ч	Б	А	Г	Я	З

АПТЕКА
БАНК
ПЕКАРНЯ
БИБЛИОТЕКА
ФЛОРИСТ
АЭРОПОРТ
ГАЛЕРЕЯ
ОТЕЛЬ
КИНО
КЛИНИКА
РЫНОК
МУЗЕЙ
РЕСТОРАН
САЛОН
ШКОЛА
СТАДИОН
СУПЕРМАРКЕТ
ТЕАТР
УНИВЕРСИТЕТ
ЗООПАРК

26 - Aktivitäten

Н	Е	У	Т	Ш	Ы	Р	Г	И	В	М	Д	Ш	Р	Р
Т	А	О	Р	П	Ы	Е	Т	К	Я	Ю	Е	Ь	Е	Ы
Р	Ф	В	У	Ю	К	М	Т	Е	З	И	Я	Щ	Л	Б
О	Х	Ц	Ы	Ъ	Ш	Е	Н	М	А	Г	Т	Д	А	Н
О	О	Ц	И	К	В	С	У	П	Н	Д	Е	Е	К	А
Г	Н	Е	А	А	П	Л	К	И	И	Ш	Л	А	С	Я
О	О	Х	О	Т	А	А	К	Н	Е	С	Ь	Ш	А	Л
Ч	В	И	Ь	Х	Ы	Я	Г	Г	К	Т	Н	М	Ц	О
О	В	Т	С	Д	О	В	О	Д	А	С	О	М	И	В
Д	Ч	А	С	Ж	Р	Т	М	Р	А	Р	С	А	Я	Л
Х	Ф	Н	Ш	С	Г	И	Т	Я	Ю	Г	Т	Г	Ч	Я
Г	Ч	Ц	Г	М	У	Ш	И	Т	Ь	Е	Ь	И	Щ	У
Т	Ж	Ы	Е	Ж	С	К	Ф	Ц	О	В	Ю	Я	Т	Н
Ь	Ш	Щ	О	Щ	О	Л	С	Ч	Т	Е	Н	И	Е	Д
Ж	А	Ф	Л	Ъ	Д	А	К	И	М	А	Р	Е	К	Я

ДЕЯТЕЛЬНОСТЬ
РЫБНАЯ ЛОВЛЯ
КЕМПИНГ
РЕЛАКСАЦИЯ
НАВЫК
ДОСУГ
САДОВОДСТВО
ОХОТА
КЕРАМИКА
ИСКУССТВО
РЕМЕСЛА
ЧТЕНИЕ
МАГИЯ
ШИТЬЕ
ИГРЫ
ВЯЗАНИЕ
ТАНЦЫ

27 - Bienen

К	Р	Ы	Л	Ь	Я	В	Т	Х	Щ	Ч	А	В	Т	В
Н	А	С	Е	К	О	М	О	Е	Ж	Ч	Х	Ы	К	Т
Ы	Д	Б	Ъ	Я	Ю	Б	С	О	О	Л	П	Г	О	В
К	Е	Д	У	Д	Щ	Г	Ф	Я	Л	Ц	Ц	О	Р	Н
Р	А	З	Н	О	О	Б	Р	А	З	И	Е	Д	О	К
Е	Ы	Я	Ф	И	Г	Г	Х	М	В	Ц	Т	Н	Л	Б
Д	Ы	И	Е	Ы	К	Щ	П	Р	Ш	Т	Р	Ы	Е	Ы
Ч	А	М	Е	Т	С	И	С	О	К	Э	О	Й	В	У
Я	У	С	М	Е	О	Д	Ф	В	Щ	Е	Й	М	А	Е
Х	Х	О	Ф	В	В	Е	Н	Р	П	Ж	Е	Ы	Е	Ш
Щ	Ч	Л	А	Ц	Ь	Л	Ы	П	У	Ъ	Л	Д	К	Д
Я	И	Н	Е	Т	С	А	Р	Ь	Ю	К	У	К	Ч	И
Е	Н	Ц	Ь	Е	Р	Ь	И	Ш	К	Х	Т	Ш	Я	И
Ь	Л	Е	Т	И	Л	Ы	П	О	Я	И	Б	А	М	Ф
У	М	Ж	Р	Ц	Ж	Ц	В	Е	Т	Е	Н	И	Е	У

ОПЫЛИТЕЛЬ
УЛЕЙ
ЦВЕТЫ
ЦВЕТЕНИЕ
ЕДА
КРЫЛЬЯ
ФРУКТ
САД
МЕД
НАСЕКОМОЕ
КОРОЛЕВА
ЭКОСИСТЕМА
РАСТЕНИЯ
ПЫЛЬЦА
ДЫМ
РОЙ
СОЛНЦЕ
РАЗНООБРАЗИЕ
ВЫГОДНЫЙ
ВОСК

28 - Wissenschaftliche Disziplinen

Э	В	О	О	А	К	И	Н	А	Т	О	Б	Б	Ф	Т
К	К	К	Ф	Р	У	Ч	Ф	С	С	Щ	Ы	И	И	Е
О	И	Ш	Б	Х	Ц	Я	И	Г	О	Л	О	О	З	Р
Л	М	Л	К	Е	Б	Р	Ъ	Ш	Ш	Щ	П	Х	И	М
О	Я	И	М	О	Н	О	Р	Т	С	А	М	И	О	О
Г	Ш	Щ	П	Л	А	К	И	Н	А	Х	Е	М	Л	Д
И	Я	И	Г	О	Л	А	Р	Е	Н	И	М	И	О	И
Я	М	Я	И	Г	О	Л	О	Р	В	Е	Н	Я	Г	Н
Т	Т	О	Я	И	Г	О	Л	О	И	Ц	О	С	И	А
С	Щ	Л	Ф	Я	И	М	И	Х	К	Д	Л	Н	Я	М
К	И	Н	Е	З	И	О	Л	О	Г	И	Я	Т	К	И
Ц	С	Л	И	Н	Г	В	И	С	Т	И	К	А	Ъ	К
Х	Я	Т	И	М	М	У	Н	О	Л	О	Г	И	Я	А
Р	Б	И	О	Л	О	Г	И	Я	Х	Ь	Г	Т	С	Ц
Б	М	Г	П	Л	Ю	Г	Е	О	Л	О	Г	И	Я	Ю

АРХЕОЛОГИЯ
АСТРОНОМИЯ
БИОХИМИЯ
БИОЛОГИЯ
БОТАНИКА
ХИМИЯ
ГЕОЛОГИЯ
ИММУНОЛОГИЯ
КИНЕЗИОЛОГИЯ
ЛИНГВИСТИКА
МЕХАНИКА
МИНЕРАЛОГИЯ
НЕВРОЛОГИЯ
ЭКОЛОГИЯ
ФИЗИОЛОГИЯ
СОЦИОЛОГИЯ
ТЕРМОДИНАМИКА
ЗООЛОГИЯ

29 - Vögel

Ю	А	Г	Ъ	Ц	У	Х	А	К	Й	А	Ч	Б	Л	П
Ч	Н	Ч	Л	А	Ш	Н	И	В	Г	Н	И	П	Ш	А
В	О	Л	Ч	П	У	А	С	Щ	О	Ц	Й	Я	Х	В
К	О	Ж	Р	Л	Т	К	Т	Ф	Г	С	В	И	Щ	Л
Х	В	Р	Щ	Я	К	И	Н	Ъ	Н	О	Р	О	В	И
П	Г	Я	О	Р	А	Л	Ъ	Н	И	К	Ж	Б	Т	Н
С	О	П	Л	Б	М	Е	И	Й	М	Ф	С	Щ	Я	Н
Ю	Л	Д	Ч	Е	Е	П	С	М	А	Н	О	Р	О	В
Л	У	В	Ж	Ц	Х	Й	К	Д	Л	Г	Щ	Н	В	О
Е	Б	Г	Е	Ь	Ь	С	У	Г	Ф	У	У	Е	Ф	Е
Б	Ь	К	Б	Е	П	П	К	Г	О	Ы	В	П	Ф	Ы
Е	У	К	Ъ	Р	Д	Н	У	Б	Ц	А	О	Ф	О	Т
Д	К	Ь	А	Т	Щ	Х	Ш	Т	Н	Д	М	Ф	В	П
Ь	О	Д	Ч	Щ	Ь	Ц	К	О	Р	Е	Л	Ъ	Т	Ь
М	К	У	Р	И	Ц	А	А	Г	К	О	Щ	Е	Щ	Я

ОРЕЛ
ЯЙЦО
УТКА
СОВА
ФЛАМИНГО
ГУСЬ
КУРИЦА
ВОРОНА
КУКУШКА
ЧАЙКА
ПОПУГАЙ
ПЕЛИКАН
ПАВЛИН
ПИНГВИН
ВОРОН
ЦАПЛЯ
ЛЕБЕДЬ
ВОРОБЕЙ
АИСТ
ГОЛУБЬ

30 - Biologie

Э	М	Л	Е	К	О	П	И	Т	А	Ю	Щ	Е	Е	Г
Ь	М	Ю	Ь	Я	Ж	Ж	К	О	Л	Л	А	Г	Е	Н
Б	О	Б	Щ	Ж	И	Х	Р	О	М	О	С	О	М	А
Н	О	М	Р	О	Г	Л	У	Е	В	Ж	Ф	У	Ю	У
С	Я	Г	Э	И	К	Ш	И	С	А	Д	Я	С	Д	У
И	Ч	Б	В	Ы	О	Е	Д	Т	Н	Е	М	Р	Е	Ф
М	Е	Т	О	Ш	Л	Н	Г	Е	П	О	С	М	О	С
Б	Й	Ф	Л	Ш	Е	Б	И	С	А	Е	Ы	В	Щ	М
И	К	Е	Ю	Д	Б	Ж	Р	Т	У	В	Р	Ш	Ю	Г
О	А	Ь	Ц	Н	Д	Р	Ь	В	Р	Е	Н	М	Ю	Ю
З	Г	Ь	И	Н	Ы	Н	Ж	Е	Я	О	Ф	Т	Н	С
И	Т	Ж	Я	Х	З	Е	Т	Н	И	С	О	Т	О	Ф
А	Н	А	Т	О	М	И	Я	Н	О	Р	Й	Е	Н	Л
М	У	Т	А	Ц	И	Я	Щ	Ы	С	И	Н	А	П	С
Р	А	С	Т	Е	Н	И	Я	Й	Е	Г	А	Ъ	Ъ	Ч

АНАТОМИЯ
ХРОМОСОМА
ЭМБРИОН
ФЕРМЕНТ
ЭВОЛЮЦИЯ
ГОРМОН
КОЛЛАГЕН
МУТАЦИЯ
ЕСТЕСТВЕННЫЙ
НЕРВ
НЕЙРОН
ОСМОС
РАСТЕНИЯ
ФОТОСИНТЕЗ
БЕЛОК
РЕПТИЛИЯ
МЛЕКОПИТАЮЩЕЕ
СИМБИОЗ
СИНАПС
ЯЧЕЙКА

31 - Elektrizität

И	У	Т	Е	Л	Е	В	И	Д	Е	Н	И	Е	Э	Ь
О	Т	Р	И	Ц	А	Т	Е	Л	Ь	Н	Ы	Й	Л	Ж
Ь	Я	Ы	П	О	Г	М	Я	Е	А	Ц	Ж	Т	Е	Ы
П	О	Л	О	Ж	И	Т	Е	Л	Ь	Н	Ы	Й	К	М
П	Щ	К	Н	Т	Х	Ж	Р	Ъ	Ь	П	Ю	К	Т	А
А	Х	П	Р	О	Ж	Л	А	Х	З	Р	И	О	Р	Г
Ь	Ш	К	О	К	М	А	Т	А	Х	А	И	Л	И	Н
Ф	О	Щ	Т	К	А	Б	А	Ш	С	Д	Р	И	К	И
О	К	В	А	Р	П	Б	Б	Д	Б	О	О	Ч	Т	Т
Щ	Д	И	Р	С	М	Ы	Е	Ж	Д	В	Б	Е	Е	Ъ
Л	А	З	Е	Р	А	В	Ч	Л	У	О	Ъ	С	Л	Е
М	Щ	С	Н	Ю	Л	Я	Ц	Ж	Ь	Р	Е	Т	Е	У
М	К	Ъ	Е	Ю	Г	Ц	Ф	Е	Я	П	К	В	Ф	Ъ
Г	А	О	Г	Т	Р	Х	Н	Ш	Ч	Я	Т	О	О	Ю
В	Х	И	Л	П	Ь	Ь	С	О	Х	П	Ы	Ь	Н	Х

БАТАРЕЯ
ПРОВОДА
ЭЛЕКТРИК
ТЕЛЕВИДЕНИЕ
ГЕНЕРАТОР
КАБЕЛЬ
ЛАМПА
ЛАЗЕР
МАГНИТ
КОЛИЧЕСТВО
ОТРИЦАТЕЛЬНЫЙ
СЕТЬ
ОБЪЕКТЫ
ПОЛОЖИТЕЛЬНЫЙ
РАЗЪЕМ
ТЕЛЕФОН

32 - Garten

Б	Х	Я	Ь	М	А	К	С	Д	Ю	Ч	Е	С	Ч	Д
Ж	А	Р	А	Г	Т	Р	Ш	Л	А	Н	Г	О	Ъ	Я
Д	Я	Т	Ы	Ъ	А	Ы	Н	Д	С	С	М	Р	Ъ	О
Б	Щ	Д	У	Р	П	Л	И	Е	А	В	Ц	Н	К	П
Л	Щ	Г	Р	Т	О	Ь	Л	Р	Р	К	У	Я	Щ	Ъ
Б	Т	Ъ	Б	Ц	Л	Ц	У	Е	Р	Г	Ъ	К	Ъ	М
Б	Р	И	Ъ	Л	О	О	Ж	В	Е	Ы	О	И	Ы	Ь
Б	А	З	А	Б	О	Р	А	О	Т	К	Ж	Л	Ж	О
Е	В	В	В	Х	И	Р	Й	У	Т	У	П	Б	А	Б
М	А	Е	Ч	Я	Щ	Д	К	Ц	Ж	С	Р	А	О	Б
Ц	В	Е	Т	О	К	Ы	А	Х	Н	Т	Ц	Р	Л	Т
Р	Ш	Ч	М	В	П	Ю	Т	У	Ы	К	Ф	Г	Т	Щ
О	Ф	Щ	Л	Х	Б	Я	Ь	В	Н	Д	М	Т	Р	Л
В	О	Г	А	М	А	К	И	Н	С	И	Ь	И	Р	Л
Щ	И	Щ	М	М	Ш	Ш	В	Ц	Д	Ж	В	Б	И	Щ

СКАМЬЯ
ДЕРЕВО
ЦВЕТОК
ПОЧВА
КУСТ
ГАРАЖ
САД
ТРАВА
ГАМАК
ЛУЖАЙКА

ГРАБЛИ
ЛОПАТА
ШЛАНГ
ПРУД
ТЕРРАСА
БАТУТ
СОРНЯКИ
КРЫЛЬЦО
ЗАБОР

33 - Antarktis

Т	О	П	О	Г	Р	А	Ф	И	Я	О	Ь	Н	П	Ч
С	О	Х	Р	А	Н	Е	Н	И	Е	Ш	Ю	Т	О	Б
Ф	Э	К	С	П	Е	Д	И	Ц	И	Я	Л	Ц	Л	Н
М	И	Г	Р	А	Ц	И	Я	Г	Ю	Я	Ь	И	У	В
Ц	Й	К	В	Х	Щ	Б	В	А	А	Р	И	Ш	О	О
Ы	Ы	Р	Т	Е	В	К	М	Л	Р	Ы	Г	Е	С	Ш
Ц	Т	Щ	Я	Х	В	К	П	Ж	У	В	И	Д	Т	Л
И	С	С	Л	Е	Д	О	В	А	Т	Е	Л	Ь	Р	Е
Т	И	В	О	Д	А	И	И	Д	А	О	Н	И	О	Д
П	Л	Т	А	Т	Т	К	Л	О	Р	С	А	М	В	У
М	А	Г	О	Ц	Ь	И	А	Г	Е	Т	У	Н	П	В
Ю	К	Ц	Ф	Ь	Е	Н	З	О	П	Р	Ч	Ф	Г	Е
Г	С	Г	Ц	Ж	В	Д	М	П	М	О	Н	М	Т	Ъ
К	О	Н	Т	И	Н	Е	Н	Т	Е	В	Ы	Н	Г	Я
М	И	Н	Е	Р	А	Л	Ы	К	Т	А	Й	Ь	Т	Н

ЗАЛИВ
ЛЕД
СОХРАНЕНИЕ
ЭКСПЕДИЦИЯ
СКАЛИСТЫЙ
ИССЛЕДОВАТЕЛЬ
ЛЕДНИКИ
ПОЛУОСТРОВ
ОСТРОВА
КОНТИНЕНТ
МИГРАЦИЯ
МИНЕРАЛЫ
ТЕМПЕРАТУРА
ТОПОГРАФИЯ
ПТИЦЫ
ВОДА
ПОГОДА
ВЕТРЫ
НАУЧНЫЙ

34 - Fahren

А	В	А	Р	И	Я	Г	Я	И	З	Н	Е	Ц	И	Л
Т	Д	В	И	Ж	Е	Н	И	Е	Ц	К	Л	Щ	Б	Г
Р	О	Т	О	М	Ю	Ж	Ц	Д	Г	А	Т	Ч	Е	Р
А	О	Ж	А	Р	А	Г	И	К	М	Р	О	Л	З	У
Н	С	Ч	В	И	Д	Е	Л	Ш	Г	Т	Р	Щ	О	З
С	Т	Г	Т	У	Ж	Т	О	И	А	А	М	М	П	О
П	О	С	О	Ь	Ю	О	П	Т	З	Ж	О	Ж	А	В
О	Р	Г	М	Т	И	П	С	Щ	Ы	Х	З	П	С	И
Р	О	Ь	О	С	Ш	Л	Ф	К	Ч	Т	А	Щ	Н	К
Т	Ж	Ы	Б	О	Л	И	Я	Ф	О	А	Ю	Ь	О	В
П	Н	Я	И	Н	Ш	В	Н	Я	Ч	Р	М	Е	С	Н
Ч	О	Д	Л	С	Х	О	Ъ	Н	Д	Г	О	М	Т	У
М	С	А	Ь	А	В	Т	О	Б	У	С	О	С	Ь	С
Ь	Т	Ф	Ф	П	Р	Л	Ь	Л	Е	Н	Н	У	Т	В
М	Ь	А	Ж	О	Д	М	О	Т	О	Ц	И	К	Л	Ь

АВТОМОБИЛЬ
ТОРМОЗА
ТОПЛИВО
АВТОБУС
ГАРАЖ
ГАЗ
ОПАСНОСТЬ
СКОРОСТЬ
КАРТА
ЛИЦЕНЗИЯ
ГРУЗОВИК
МОТОР
МОТОЦИКЛ
ПОЛИЦИЯ
БЕЗОПАСНОСТЬ
ТРАНСПОРТ
ТУННЕЛЬ
АВАРИЯ
ДВИЖЕНИЕ
ОСТОРОЖНОСТЬ

35 - Physik

М	М	Я	Ч	А	С	Т	О	Т	А	Ц	А	Е	Й	Щ
Т	О	Е	Ю	М	М	Н	Ц	С	Ы	К	Н	И	Ы	И
Я	Э	Л	Х	К	Ъ	Ф	Г	Ж	С	Е	О	К	Н	Ш
Д	К	Д	Е	А	Л	У	М	Р	О	Ф	Р	С	Ь	Н
Е	С	А	И	К	Н	Д	В	И	Г	А	Т	Е	Л	Ь
Р	П	А	Н	Ь	У	И	Н	Ф	М	С	К	Ч	А	Т
Н	Е	Т	Е	М	А	Л	К	А	А	С	Е	И	С	С
Ы	Р	О	Р	Ю	Д	О	А	А	Г	А	Л	М	Р	О
Й	И	М	О	Ч	У	В	Ц	Ц	Н	М	Э	И	Е	Р
П	М	Е	К	Ь	Л	Ю	Ц	И	Е	Ж	Н	Х	В	О
К	Е	Я	С	Х	Л	Д	Ш	Т	Т	Г	А	З	И	К
Р	Н	Ж	У	Б	А	И	М	С	И	Ц	С	И	Н	С
Ю	Т	Ш	Р	Д	Ш	О	Е	А	З	М	Ы	Я	У	Р
Ы	С	С	Я	У	Т	Ю	С	Ч	М	Ж	Г	П	С	Ф
Л	Ш	К	Ж	Щ	П	Л	О	Т	Н	О	С	Т	Ь	Я

АТОМ
УСКОРЕНИЕ
ХАОС
ХИМИЧЕСКИЕ
ПЛОТНОСТЬ
ЭЛЕКТРОН
ЭКСПЕРИМЕНТ
ФОРМУЛА
ЧАСТОТА
ГАЗ
СКОРОСТЬ
МАГНЕТИЗМ
МАССА
МЕХАНИКА
МОЛЕКУЛА
ДВИГАТЕЛЬ
ЯДЕРНЫЙ
ЧАСТИЦА
УНИВЕРСАЛЬНЫЙ

36 - Bücher

Й	Ж	Ц	П	Р	К	Ь	Б	У	А	Ш	С	Т	И	Э
И	Ъ	Р	О	Р	А	Ы	И	А	Щ	С	Е	Г	Ж	П
К	Р	Й	Р	Я	И	С	Ю	В	К	Д	Р	Щ	Т	И
С	Е	Ы	В	Ы	Р	К	С	Х	Е	Х	И	Т	С	Ч
Е	Т	Н	А	М	О	Р	Л	К	Б	Х	И	Ш	К	Е
Ч	К	Р	Е	К	А	О	Л	Ю	А	Р	Р	Х	Е	С
И	А	У	А	И	Ц	Г	Ч	А	Ч	З	Ю	В	Т	К
Р	Р	Т	Ь	Н	Я	Ш	М	В	М	Е	Ч	Ч	Н	И
О	А	А	П	Я	И	З	Э	О	П	У	Н	И	О	Й
Т	Х	Р	Б	Б	Р	Ц	Ч	Л	Б	Х	Ф	И	К	Я
С	Ц	Е	Б	Ю	О	Н	А	С	И	П	А	Н	Е	А
И	Ч	Т	А	Ю	Т	У	М	Е	С	Т	Н	Ы	Й	В
П	Л	И	И	Д	С	Ч	И	Т	А	Т	Е	Л	Ь	Т
С	С	Л	Ъ	Я	И	Ц	К	Е	Л	Л	О	К	С	О
Т	Р	А	Г	И	Ч	Е	С	К	И	Й	Г	Т	Ф	Р

ПРИКЛЮЧЕНИЕ
АВТОР
ХАРАКТЕР
ЭПИЧЕСКИЙ
РАССКАЗЧИК
СТИХ
ИСТОРИЯ
НАПИСАНО
ИСТОРИЧЕСКИЙ
КОЛЛЕКЦИЯ
КОНТЕКСТ
ЧИТАТЕЛЬ
ЛИТЕРАТУРНЫЙ
ПОЭЗИЯ
УМЕСТНЫЙ
РОМАН
СТРАНИЦА
СЕРИИ
ТРАГИЧЕСКИЙ
СЛОВА

37 - Menschlicher Körper

О	Ч	П	Я	И	К	О	К	У	Ъ	П	У	Ь	Р	Ч
Н	М	Щ	Щ	В	О	Ц	И	Л	Т	О	Ф	Р	О	Е
О	Ю	Н	Ф	Ф	Ж	Е	Д	И	Н	Д	Ъ	К	Т	Л
Л	Ш	Д	Ж	И	А	Л	Н	О	С	Б	Ы	Б	О	Ю
У	Т	Е	У	П	К	А	О	Ь	В	О	Р	К	К	С
А	Р	М	Ы	Р	У	П	В	С	Л	Р	С	Ш	Б	Т
Е	Е	Р	Я	Д	Р	Е	Я	Г	З	О	М	К	И	Ь
Ж	Д	Ь	И	Щ	К	К	П	Е	Ц	Д	Р	Е	С	Т
П	У	Н	Г	Р	Р	Ъ	А	К	Ш	О	А	Е	Ы	О
Г	Б	О	Ч	Р	Ш	Я	П	Х	Ц	К	Ц	Ш	В	К
Я	Д	Г	П	Щ	И	С	С	Л	Т	П	О	Ь	О	О
У	Ю	А	К	Ж	Ы	Д	О	Л	Е	И	Ж	Ь	Т	Л
Х	Е	Р	Н	Ы	Щ	И	Ф	Х	Щ	Ч	А	Г	К	Ь
О	Н	Е	Л	О	К	У	У	Ш	Ш	Б	О	Г	Т	Ц
Ц	Ь	Е	Г	О	Л	О	В	А	Я	З	Ы	К	П	В

НОГА
КРОВЬ
ЛОКОТЬ
ПАЛЕЦ
МОЗГ
ЛИЦО
ШЕЯ
РУКА
КОЖА
СЕРДЦЕ
ЧЕЛЮСТЬ
ПОДБОРОДОК
КОЛЕНО
ЛОДЫЖКА
ГОЛОВА
РОТ
НОС
УХО
ПЛЕЧО
ЯЗЫК

38 - Agronomie

Э	Ы	А	Ь	Т	Б	О	Я	Л	М	Ж	П	Л	Э	С
Р	О	В	Т	С	Д	О	В	З	И	О	Р	П	К	И
О	Ю	К	А	О	С	В	Л	М	К	С	Ы	З	О	С
З	Щ	Н	Ч	Р	Н	О	А	Е	Е	Ж	Ш	А	Л	Т
И	О	И	У	Р	О	Д	Ф	И	З	Л	Я	Г	О	Е
Я	Щ	Р	З	Ш	Ф	А	И	Н	Й	Н	Я	Р	Г	М
И	С	О	И	Р	И	О	О	Е	И	О	И	Я	И	Ы
Н	И	Н	В	Х	В	Ж	Ж	Р	К	Ч	Г	З	Я	И
Е	П	И	Д	О	Ъ	В	Ю	Б	С	Щ	Р	Н	Ж	Ж
Т	О	Н	А	У	К	А	Х	О	Ь	Д	Е	Е	Б	Б
С	Ч	Я	Щ	О	Я	М	Б	Д	Л	И	Н	Н	Ю	Д
А	В	У	Ь	Ш	Ъ	Ъ	Е	У	Е	Ж	Э	И	Д	Е
Р	А	И	Б	Б	Ж	И	Т	Я	С	Д	Ч	Е	Х	Ч
Ы	А	Х	Й	И	К	С	Е	Ч	И	Н	А	Г	Р	О
И	Д	Е	Н	Т	И	Ф	И	К	А	Ц	И	Я	П	Ы

ПОЧВА
УДОБРЕНИЕ
ЭНЕРГИЯ
ЭРОЗИЯ
ЕДА
ОВОЩИ
ИДЕНТИФИКАЦИЯ
БОЛЕЗНИ
СЕЛЬСКИЙ
ОРГАНИЧЕСКИЙ
ЭКОЛОГИЯ
РАСТЕНИЯ
ПРОИЗВОДСТВО
ИЗУЧАТЬ
СИСТЕМЫ
ЗАГРЯЗНЕНИЕ
РОСТ
ВОДА
НАУКА

39 - Landschaften

Я	Н	О	А	Ж	Ь	Ю	Д	О	С	Ш	Щ	П	Е	О
Н	Т	Т	У	Н	Д	Р	А	С	З	А	Л	И	В	З
Ы	Т	Ф	У	Ж	Д	А	И	Т	И	У	У	Л	К	Е
Т	Ь	Н	А	Р	О	К	П	Р	Е	З	Й	Е	Г	Р
С	Т	А	Р	Е	Щ	Е	П	О	Ж	Ь	Ф	К	Р	О
У	М	К	Х	Я	Ц	Р	С	В	Д	О	Ь	И	Е	Ф
П	О	Л	У	О	С	Т	Р	О	В	О	Р	Ч	Б	Б
С	Е	У	О	Ж	Ф	О	А	З	И	С	В	Г	С	Ь
С	Р	В	Я	Х	П	Л	Я	Ж	Е	Ц	Г	Я	Й	Л
Л	Е	Д	Н	И	К	Ы	В	П	У	Л	Ю	Х	А	Р
У	К	Е	С	И	Ц	Ж	Ъ	Ы	Ь	Ч	А	Е	Л	Ш
В	Ж	Щ	Р	Б	Х	С	Н	Ы	Г	Т	Б	А	Е	Я
Б	О	Л	О	Т	О	М	Ъ	Ч	У	К	Г	Ж	Ь	У
Ш	У	Я	Г	П	Ы	Ы	Т	Г	Ъ	Ш	М	О	Р	Е
Щ	Н	П	Л	У	Г	О	Р	А	Н	И	Л	О	Д	И

ГОРА
АЙСБЕРГ
РЕКА
ГЕЙЗЕР
ЛЕДНИК
ЗАЛИВ
ПОЛУОСТРОВ
ПЕЩЕРА
ХОЛМ
ОСТРОВ
МОРЕ
ОАЗИС
ОЗЕРО
ПЛЯЖ
БОЛОТО
ДОЛИНА
ТУНДРА
ВУЛКАН
ВОДОПАД
ПУСТЫНЯ

40 - Abenteuer

Е	П	Б	Ш	Ф	Х	Ц	Ж	Ы	Б	М	Д	Ф	Н	Э
Л	Р	Е	Д	А	Ш	Х	Т	Л	Ц	А	Д	Х	Е	Н
Н	И	З	Й	Ы	Н	С	А	П	О	Р	Е	Т	О	Т
Ц	Р	О	П	Н	Х	С	Г	П	Ж	Ш	У	Т	Б	У
Ф	О	П	Б	А	Н	О	В	Ы	Й	Р	Т	Ь	Ы	З
У	Д	А	К	В	У	Р	Д	П	Ж	У	В	Ь	Ч	И
У	А	С	Ц	И	Р	Б	Р	Щ	Д	Т	Б	Т	Н	А
Л	Ш	Н	Ц	Г	Ж	А	В	Ж	Ш	А	И	С	Ы	З
А	Т	О	С	А	Р	К	Д	Ъ	Т	П	Ж	О	Й	М
Ю	Ю	С	Д	Ц	Ь	Т	С	О	Н	Д	У	Р	Т	А
Ч	А	Т	Е	И	Х	П	Е	Д	С	П	И	Б	П	П
Д	Х	Ь	Н	Я	Ь	З	У	Р	Д	Т	Р	А	П	Л
В	О	З	М	О	Ж	Н	О	С	Т	Ь	Ь	Р	Ц	П
Д	Е	Я	Т	Е	Л	Ь	Н	О	С	Т	Ь	Х	О	Ф
Э	К	С	К	У	Р	С	И	Я	И	М	Д	Ф	К	Р

ДЕЯТЕЛЬНОСТЬ
ЭКСКУРСИЯ
ЭНТУЗИАЗМ
ШАНС
РАДОСТЬ
ДРУЗЬЯ
ОПАСНЫЙ
ВОЗМОЖНОСТЬ
ПРИРОДА
НАВИГАЦИЯ
НОВЫЙ
МАРШРУТ
КРАСОТА
ТРУДНОСТЬ
БЕЗОПАСНОСТЬ
ХРАБРОСТЬ
НЕОБЫЧНЫЙ

41 - Flugzeuge

В	Д	Х	Т	Д	Ы	Ы	Н	Е	Б	О	Б	Р	Х	А
О	И	Г	О	О	Ш	Р	Ж	С	Ж	У	Б	Ь	В	Д
З	З	В	Л	Р	П	Е	А	Д	О	Г	О	П	Е	Т
Д	А	Д	И	О	К	Л	П	А	С	С	А	Ж	И	Р
У	Й	Ф	П	Д	Н	Л	И	Н	М	И	Т	Ь	Н	Н
Ш	Н	Щ	Ф	О	М	Е	К	В	А	С	О	В	Е	А
Н	Е	П	Ц	В	Ъ	П	Э	Ь	О	Т	С	У	Ч	П
Ы	К	Х	У	Д	З	О	В	Л	Ж	О	Ы	Х	Ю	Р
Й	С	П	Д	Д	Щ	Р	Я	Е	Ъ	Р	В	Е	Л	А
Ш	М	Ь	Ц	У	И	П	О	Т	Ч	И	У	С	К	В
А	Р	Е	Ф	С	О	М	Т	А	Ч	Я	В	П	И	Л
Р	Ц	Н	И	Ц	Щ	Л	Щ	Г	Е	Н	И	У	Р	Е
О	В	Т	С	Ь	Л	Е	Т	И	О	Р	Т	С	П	Н
Ь	В	И	М	Н	Ю	Ж	Ы	В	С	Ф	С	К	Т	И
М	Л	Ы	Ь	Т	А	В	У	Д	А	Н	Б	Х	У	Е

ПРИКЛЮЧЕНИЕ
СПУСК
АТМОСФЕРА
НАДУВАТЬ
ВОЗДУШНЫЙ ШАР
ТОПЛИВО
ЭКИПАЖ
ДИЗАЙН
ИСТОРИЯ
НЕБО
ВЫСОТА
СТРОИТЕЛЬСТВО
ВОЗДУХ
ДВИГАТЕЛЬ
ПАССАЖИР
ПИЛОТ
ПРОПЕЛЛЕРЫ
НАПРАВЛЕНИЕ
ВОДОРОД
ПОГОДА

42 - Haartypen

К	О	Р	И	Ч	Н	Е	В	Ы	Й	Ч	Т	И	И	О
А	Н	Ч	И	Ц	В	Е	Т	Н	О	Й	О	С	К	О
Щ	Г	У	Р	Ф	Ц	Щ	Г	Х	Я	Я	Л	С	П	Б
Ф	Я	О	Д	А	Н	Ц	Н	Ш	Р	Р	С	Ь	П	Ь
Р	Ю	А	У	И	И	О	С	Ц	Х	Л	Т	У	Щ	Ы
Ч	Ю	М	К	У	Д	Р	Я	В	Ы	Й	Ы	Р	Е	С
Т	Е	Ч	Д	Т	Н	Б	У	О	Б	И	Й	З	М	С
Я	Т	Р	И	Г	О	Е	Х	Ц	Л	К	Ы	Д	Я	Ъ
Б	Ъ	В	Н	В	Л	Р	Ц	Х	Е	Н	Н	О	Г	Ш
У	Е	Е	Р	Ы	Б	Е	О	С	С	О	Е	Р	К	С
Б	Р	Л	Ь	Ь	Й	С	С	К	Т	Т	Т	О	И	У
Щ	Р	Й	Ы	Н	Н	И	Л	Д	Я	Г	Е	В	Й	Х
Е	Щ	Ю	С	Й	Ы	С	Ы	Л	Щ	М	Л	Ы	В	О
Ь	Ъ	С	О	О	Я	О	Х	Я	И	Т	П	Й	Ф	Й
С	Ы	Т	К	А	Л	Л	Ч	Л	Й	С	Ы	Ы	П	Ь

БЛОНДИН
КОРИЧНЕВЫЙ
ТОЛСТЫЙ
ТОНКИЙ
ЦВЕТНОЙ
ПЛЕТЕНЫЙ
ЗДОРОВЫЙ
БЛЕСТЯЩИЙ
СЕРЫЙ
ЛЫСЫЙ

КОРОТКАЯ
ДЛИННЫЙ
КУДРИ
КУДРЯВЫЙ
ЧЕРНЫЙ
СЕРЕБРО
СУХОЙ
МЯГКИЙ
БЕЛЫЙ
КОСЫ

43 - Essen #1

Ж	О	С	Т	М	Г	Я	О	Ц	Ь	Г	И	Ф	Ф	Ш
Ш	Я	Г	А	Ц	И	Р	О	К	О	С	Е	Г	Н	Р
Ф	Н	Ы	Н	Х	Е	Г	М	О	О	К	О	Л	О	М
Н	О	М	И	Л	А	Я	О	Н	С	Ф	Р	Е	Б	Ш
Б	Ц	И	П	У	С	Р	Р	С	Л	Ц	Е	Н	У	Т
А	Б	Б	Ш	А	М	Ч	К	Е	Р	Г	А	П	Я	Р
З	П	О	Е	Ь	Я	П	О	Ч	Ц	Н	Р	И	Т	К
И	Ф	Ж	Ы	В	С	К	В	Р	Е	П	А	У	Ъ	Д
Л	Ъ	Е	Л	Ж	О	У	Ь	Л	О	С	К	А	Ш	С
И	И	Ц	Я	И	Щ	Л	Щ	Ш	Т	Х	И	Р	В	А
К	Н	Ж	И	Ч	Ч	Щ	Ж	Ь	Ц	О	Н	А	Ц	М
У	Е	Ъ	Ь	Ч	А	Р	М	Ю	Ш	В	Б	Х	Щ	Ы
Л	Б	С	С	А	Л	А	Т	Т	С	С	У	И	Ь	Ы
У	Д	Ю	Г	А	Ц	Т	Я	Я	К	Ы	Л	С	Л	Е
Ф	Ь	Д	Г	У	О	И	Ь	Х	Ф	Щ	К	Р	Ф	Ж

БАЗИЛИК
ГРУША
КЛУБНИКА
АРАХИС
МЯСО
КОФЕ
МОРКОВЬ
ЧЕСНОК
МОЛОКО
РЕПА
СОК
САЛАТ
СОЛЬ
ШПИНАТ
СУП
ТУНЕЦ
КОРИЦА
ЛИМОН
САХАР
ЛУК

44 - Gebäude

С	П	А	Л	А	Т	К	А	Я	Р	Т	А	У	Л	Б
Я	У	О	П	Т	М	Ь	Г	Н	Ш	Г	О	Н	А	А
С	Е	П	Ы	Ь	Ъ	С	Е	Ш	Ь	Г	Р	И	Б	О
Ф	Я	Й	Е	З	У	М	З	А	В	О	Д	В	О	Б
У	И	Ц	Ш	Р	Я	Б	П	Б	Р	И	О	Е	Р	Щ
П	Р	Х	Б	А	М	Ж	Г	Н	К	Ь	Т	Р	А	Е
Р	О	Ж	У	Б	И	А	Л	О	К	Ш	Е	С	Т	Ж
Д	Т	С	Н	М	Г	Р	Р	О	Щ	А	Л	И	О	И
Т	А	К	О	А	Ш	А	У	К	Р	Л	Ь	Т	Р	Т
Л	В	Г	И	Л	Ю	Г	Д	Т	Е	Н	А	Е	И	И
Ф	Р	П	Д	Н	Ь	Д	О	М	О	Т	Ц	Т	Я	Е
Я	Е	Ь	А	Д	О	С	Ф	Е	Р	М	А	А	Ч	Ф
Ф	С	О	Т	Д	Г	Г	Т	Т	Е	А	Т	Р	К	Х
Г	Б	Е	С	Ы	Ж	Я	Ц	В	П	Ч	Ф	М	С	С
Ш	О	И	А	Ц	И	Н	Ь	Л	О	Б	Т	Я	В	Ш

ФЕРМА
ПОСОЛЬСТВО
ЗАВОД
ГАРАЖ
ДОМ
ОБЩЕЖИТИЕ
ОТЕЛЬ
КИНО
БОЛЬНИЦА
ЛАБОРАТОРИЯ

МУЗЕЙ
ОБСЕРВАТОРИЯ
АМБАР
ШКОЛА
СТАДИОН
СУПЕРМАРКЕТ
ТЕАТР
БАШНЯ
УНИВЕРСИТЕТ
ПАЛАТКА

45 - Mode

С	О	В	Р	Е	М	Е	Н	Н	Ы	Й	Х	Ю	Ы	Ж
Д	О	С	Т	У	П	Н	Ы	Й	Ы	Н	Б	О	Д	У
Ы	Т	Е	Н	Д	Е	Н	Ц	И	Я	А	Ь	Т	И	Ъ
Ж	Г	Х	Ы	Н	Е	Л	Ц	Ъ	И	Р	Т	К	М	С
В	Щ	Р	К	Н	О	П	К	И	Ф	У	С	А	Б	К
Й	Ы	Н	Т	Н	А	Г	Е	Л	Э	Т	И	Н	Ъ	Р
П	О	Ш	В	М	А	Е	Г	Н	Щ	С	Л	Ь	Ц	О
О	Р	Й	И	К	С	Е	Ч	И	Т	К	А	Р	П	М
Д	Н	О	Ж	В	Щ	Ж	Б	А	Я	Е	М	Ф	О	Н
О	О	Л	С	А	К	Щ	У	Р	С	Т	И	Л	Ь	Ы
Д	Л	Р	В	Т	С	А	Т	Н	У	У	Н	Н	Ш	Й
Е	Б	У	О	Ц	О	Ю	И	Ю	О	Б	И	Р	Ю	Ф
Ж	А	Щ	Щ	Г	М	Й	К	О	Ж	Е	М	Ъ	О	Н
Д	Ш	У	А	М	О	В	Е	Ж	У	Р	К	Р	В	М
А	М	В	И	Ы	П	Й	О	Р	И	Г	И	Н	А	Л

СКРОМНЫЙ
БУТИК
ПРОСТОЙ
ЭЛЕГАНТНЫЙ
ДОСТУПНЫЙ
ОДЕЖДА
УДОБНЫЙ
МИНИМАЛИСТ
СОВРЕМЕННЫЙ
ШАБЛОН
ОРИГИНАЛ
ПРАКТИЧЕСКИЙ
КРУЖЕВО
ВЫШИВКА
СТИЛЬ
ТКАНЬ
КНОПКИ
ДОРОГОЙ
ТЕКСТУРА
ТЕНДЕНЦИЯ

46 - Angeln

К	Р	Ь	Ы	В	С	Н	И	В	Я	Р	У	Ж	Д	М
Б	Г	Т	Ш	Г	Ы	Е	О	В	Я	Щ	Ш	Ъ	О	Щ
Ы	С	Е	В	Ь	Щ	Н	З	Е	Л	Ш	Ц	Ы	В	В
Р	П	Р	А	В	О	П	Ь	О	Р	Е	З	О	О	Ж
Б	Л	П	О	П	И	К	А	К	Н	А	М	И	Р	П
А	А	Е	Ч	Е	Л	Ю	С	Т	Ь	П	К	Х	П	И
Ж	В	Н	О	Б	О	Р	У	Д	О	В	А	Н	И	Е
Ь	Н	И	А	К	Д	О	Л	К	Р	Ж	К	Ф	С	Б
П	И	Е	Д	Е	Р	Ж	У	О	Т	А	Е	М	Ф	Н
Б	К	А	О	С	К	Ю	Ь	Р	Ы	Щ	Р	Ф	Ь	Н
В	И	И	В	В	И	О	К	З	Я	Ь	Ю	С	У	Ь
С	Х	И	П	Я	Щ	И	У	И	Ч	Ж	Г	Л	Ф	П
Ъ	Е	У	Щ	Е	В	Е	С	Н	Ь	У	Ф	Ы	Д	Л
С	Т	П	Б	Ь	К	Б	Ф	А	Ф	У	Л	Ц	И	Я
П	Р	Е	У	В	Е	Л	И	Ч	Е	Н	И	Е	Н	Ж

ОБОРУДОВАНИЕ
ЛОДКА
ПРОВОД
ПЛАВНИКИ
РЕКА
ТЕРПЕНИЕ
ВЕС
КРЮК
СЕЗОН
ЧЕЛЮСТЬ
ЖАБРЫ
ПОВАР
КОРЗИНА
ПРИМАНКА
ОКЕАН
ОЗЕРО
ПЛЯЖ
ПРЕУВЕЛИЧЕНИЕ
ВЕСЫ
ВОДА

47 - Essen #2

Б	В	А	Х	Ь	Щ	Е	У	О	Н	В	П	Ж	Я	П
Я	А	Б	Т	Л	Й	Д	Т	Ы	Щ	Л	Ы	О	Ш	О
Й	Н	Н	Д	А	Е	Б	Р	О	К	К	О	Л	И	М
Ц	И	П	А	Д	Р	Б	У	Я	О	П	В	Ф	К	И
О	Ч	Ш	Л	Н	Е	И	Г	Б	Ш	Ф	И	Ф	В	Д
Ь	Т	Е	О	И	Д	Р	О	Л	И	Ч	Ш	В	П	О
Е	Е	Н	К	М	Ь	Г	Й	О	Т	Ь	Н	Х	Ф	Р
Ю	В	И	О	Д	Л	Ъ	П	К	Р	П	Я	Х	Ц	С
Н	Ъ	Ц	Ш	С	Е	С	Н	О	А	Б	Ы	Р	Л	У
Я	Е	А	Е	Ы	С	С	П	А	Р	Ж	А	К	В	К
С	Ж	Ь	Т	Р	Ь	И	Я	Е	М	Ъ	Д	Х	Ю	Ч
О	Т	Ы	Ъ	Х	Н	Г	Р	Л	Т	Б	К	Ц	Б	А
Г	Х	Ы	К	Ш	А	И	Р	Я	Ф	Ч	Ь	С	Ш	Ь
Б	А	К	Л	А	Ж	А	Н	С	Ь	Н	П	М	Ю	Б
А	Я	С	Т	Н	Ь	Ь	Ь	Ф	Ц	Ц	Ц	Ы	Ы	М

ЯБЛОКО
АРТИШОК
БАКЛАЖАН
БАНАН
БРОККОЛИ
ХЛЕБ
ЯЙЦО
РЫБА
ЙОГУРТ
СЫР
ВИШНЯ
МИНДАЛЬ
ГРИБ
РИС
ВЕТЧИНА
ШОКОЛАД
СЕЛЬДЕРЕЙ
СПАРЖА
ПОМИДОР
ПШЕНИЦА

48 - Energie

Б	Т	В	Ь	У	Т	Т	М	Г	Р	Ш	С	С	П	Э
О	А	Т	Г	Ф	П	О	С	Х	К	И	Н	Т	Т	Л
Ц	Р	Т	Ч	А	Д	Е	П	Ъ	Ф	П	Е	Б	Л	Е
Ъ	А	Ч	А	Л	Ч	М	Р	Л	Ж	Ю	А	Щ	С	К
Ш	Ж	Д	О	Р	О	Д	О	В	И	Е	Ф	У	О	Т
П	А	Р	Е	Т	Е	В	М	Н	Ф	В	Х	Т	Л	Р
Ф	Ь	Ц	Ю	Р	Е	Я	Л	Н	Ф	И	О	У	Н	И
Э	Л	Е	К	Т	Р	О	Н	О	Т	О	Ф	Р	Ц	Ч
Г	Е	У	Г	Ю	М	О	Н	И	З	Н	Е	Б	Е	Е
Б	З	Ъ	Г	Щ	О	И	Т	И	Ж	Ы	С	И	Б	С
Ь	И	Ф	Ф	Э	Н	Т	Р	О	П	И	Я	Н	В	К
С	Д	В	У	Ъ	Ы	Ь	Я	О	М	Г	Ф	А	Ъ	И
Я	Д	Е	Р	Н	Ы	Й	Б	А	Я	К	Л	Е	Е	Й
У	Г	Л	Е	Р	О	Д	М	П	Ф	О	П	Щ	И	М
З	А	Г	Р	Я	З	Н	Е	Н	И	Е	Д	Щ	Ы	Ч

БАТАРЕЯ
БЕНЗИН
ТОПЛИВО
ПАР
ДИЗЕЛЬ
ЭЛЕКТРИЧЕСКИЙ
ЭЛЕКТРОН
ЭНТРОПИЯ
ЖАРА
УГЛЕРОД
МОТОР
ЯДЕРНЫЙ
ФОТОН
СОЛНЦЕ
ТУРБИНА
ЗАГРЯЗНЕНИЕ
ВОДОРОД
ВЕТЕР

49 - Familie

П	Л	Е	М	Я	Н	Н	И	К	Ц	Я	Д	Я	Д	Щ
П	Л	Е	М	Я	Н	Н	И	Ц	А	Р	Е	М	У	Ж
Д	О	Ч	Ь	Т	А	М	Ы	Г	Е	Щ	Д	А	Д	Ж
И	В	Г	Л	Б	Я	Ш	Р	Ю	Ф	Т	Я	Ы	Б	Ф
Н	Т	К	Н	Я	Н	Х	М	Х	Ц	Х	О	И	А	Х
Б	С	Е	С	Т	Р	А	Ж	Ю	Ъ	Ж	Л	Р	Б	П
М	Т	М	Д	А	Й	М	Х	К	И	В	В	И	У	Р
А	Е	Т	Л	Щ	И	А	Ф	Н	У	И	П	Ш	Ш	Е
Ц	Д	Ш	И	Д	К	Е	П	Ъ	С	Ж	Р	Т	К	Д
Б	Ш	Й	И	К	С	Н	И	Р	Е	Т	А	М	А	О
Ц	Р	О	А	У	В	В	Н	У	К	Щ	И	У	Х	К
Т	Ш	А	М	Е	О	Б	С	Ж	Т	Ж	Е	Н	А	Ъ
В	О	М	Т	У	Ц	Т	Е	Т	Я	Ф	Х	Б	Е	М
У	Щ	И	П	Ч	Т	Ч	П	И	Ы	Ш	Д	Я	С	С
Р	Е	Б	Е	Н	О	К	Ш	Б	Ц	Ч	К	М	М	Х

БРАТ
ЖЕНА
МУЖ
ВНУК
БАБУШКА
ДЕД
РЕБЕНОК
ДЕТИ
ДЕТСТВО
МАТЬ
МАТЕРИНСКИЙ
ПЛЕМЯННИК
ПЛЕМЯННИЦА
ДЯДЯ
СЕСТРА
ТЕТЯ
ДОЧЬ
ОТЕЦ
ОТЦОВСКИЙ
ПРЕДОК

50 - Pflanzen

К	О	Ж	Б	Я	Л	Л	Ы	Я	Х	И	Б	Л	Ы	Р
Б	А	М	Б	У	К	Л	Е	С	И	В	О	И	Ш	Ш
М	Р	Х	Я	Х	Ш	Ц	Н	И	Ь	А	Б	С	Ч	Н
Д	О	Щ	Х	Г	Х	У	Ч	Ь	Р	Я	И	Т	Р	Я
Ш	Л	Р	Ч	К	О	Т	С	Е	П	Е	Л	В	К	Ъ
Д	Ф	Ь	Ф	У	М	Д	Ш	Е	Ц	Н	И	А	Ш	М
Л	И	С	Т	Д	У	Р	А	К	И	Н	А	Т	О	Б
У	Д	П	И	О	Ц	В	Е	Т	О	К	Л	Ц	С	К
Ю	Ы	Т	Д	Б	В	Ш	М	Ю	В	Ы	О	О	Л	О
О	Е	Н	Ф	Р	Т	О	Н	П	Е	Д	В	Ь	С	Р
Ь	Х	Р	Е	Е	М	Р	Т	В	Р	Х	Е	Е	У	Е
П	Л	Ю	Щ	Н	Т	А	А	И	Е	Ы	О	Ь	Т	Н
К	У	С	Т	И	Ъ	К	Г	В	Д	Г	Х	И	К	Ь
Ъ	О	И	К	Е	А	В	А	Ж	А	Ъ	П	Ю	А	Я
У	Ж	Ы	Щ	К	Ы	Ш	Т	Ц	С	Ь	Д	Х	К	Б

БАМБУК
ДЕРЕВО
ЯГОДА
ЛИСТ
ЦВЕТОК
ЛЕПЕСТОК
БОБ
БОТАНИКА
КУСТ
УДОБРЕНИЕ
ПЛЮЩ
ФЛОРА
САД
ТРАВА
КАКТУС
ЛИСТВА
МОХ
СОЛНЦЕ
ЛЕС
КОРЕНЬ

51 - Gewürze

Т	Н	О	М	А	Д	Р	А	К	К	П	Е	Р	Е	Ц
Е	М	Н	Ш	М	Н	Ф	К	О	И	Е	Н	Б	Ф	Л
У	Ы	И	Ф	Ы	Ч	Н	И	Р	С	Ж	Х	В	Е	Я
М	Н	Х	Н	Ш	Л	Ъ	Р	И	Л	У	Ъ	Г	Н	Ж
С	М	Ы	А	В	П	У	П	Ц	Ы	А	К	У	Х	С
Е	Я	Н	П	Ы	А	А	А	А	Й	Н	У	В	Е	Ы
Ь	Ж	А	Д	И	К	Н	П	Н	Щ	И	Л	Ч	Л	А
Г	О	Р	Ь	К	И	Й	И	И	И	С	Ж	Ы	Ь	Ф
И	Д	Ф	Р	Ь	Д	И	Н	Л	Ч	Ц	П	М	Х	Л
С	Я	А	И	Г	З	К	Ф	Т	Ь	Щ	Х	В	С	А
О	Ф	Ш	Б	Б	О	Д	Ц	Ч	Т	Р	У	Р	Щ	Х
Л	Щ	Л	М	В	В	А	К	Д	О	Л	О	С	Х	Ю
Ь	К	С	И	Ф	Г	Л	К	А	Р	Р	И	Ч	Р	Д
Т	Н	П	В	Ю	Ъ	С	М	Ф	Ю	У	У	Л	К	У
Ч	Е	С	Н	О	К	Н	Ф	Т	Я	В	Т	Е	И	Ц

АНИС
ГОРЬКИЙ
КАРРИ
ФЕНХЕЛЬ
ВКУС
ИМБИРЬ
КАРДАМОН
ЧЕСНОК
ТМИН
СОЛОДКА

ГВОЗДИКА
ПАПРИКА
ПЕРЕЦ
ШАФРАН
СОЛЬ
КИСЛЫЙ
СЛАДКИЙ
ВАНИЛЬ
КОРИЦА
ЛУК

52 - Geschäft

Г	Р	Е	Ж	Д	Е	Н	Е	М	Н	Ъ	В	Р	Б	Т
Я	Ъ	А	Ж	А	Д	О	Р	П	Щ	Ф	Р	А	К	У
Ь	Л	Ы	Б	И	Р	П	Ш	Ъ	А	И	Ъ	Б	Ш	Ы
А	Ъ	И	Г	О	Л	А	Н	О	Ф	И	С	О	М	Т
В	И	И	Ц	И	Т	С	Е	В	Н	И	У	Т	А	Ю
Т	О	В	А	Р	С	Н	Б	О	Р	Г	Ф	О	Ж	С
З	А	В	О	Д	В	Т	И	Ь	Т	Ь	Л	Д	Ц	К
Ю	К	К	А	Ж	Ф	А	О	К	У	Н	Ж	А	С	И
Б	Л	М	Д	М	Ш	Ю	Л	И	Ы	Е	Ю	Т	У	Д
Ю	Е	Б	Ю	Д	Ж	Е	Т	Ю	М	Д	Г	Е	Ч	К
Ф	Д	О	Х	О	Д	Ъ	Ч	Б	Т	О	Л	Л	К	А
Ш	С	М	А	Г	А	З	И	Н	С	А	С	Ь	Ш	Р
Э	К	О	Н	О	М	И	К	А	Р	Ц	Ф	Т	Ю	Р
Б	Ь	Ж	Б	Н	Р	Ж	Д	М	А	Р	Щ	М	Ь	Ю
Ю	Е	С	К	А	Р	Ь	Е	Р	А	В	О	Ш	Ю	И

РАБОТОДАТЕЛЬ
БЮДЖЕТ
ОФИС
ДОХОД
ЗАВОД
ДЕНЬГИ
МАГАЗИН
ПРИБЫЛЬ
ИНВЕСТИЦИИ
КАРЬЕРА
СТОИМОСТЬ
МЕНЕДЖЕР
РАБОТНИК
СКИДКА
НАЛОГИ
СДЕЛКА
ПРОДАЖА
ТОВАР
ВАЛЮТА
ЭКОНОМИКА

53 - Ingenieurwesen

Щ	Щ	В	Ж	Б	Щ	М	Ч	Ш	Ы	Ь	А	Д	К	С
Г	Л	У	Б	И	Н	А	Ш	Я	Ь	А	Ы	И	А	Т
Р	Ч	Ъ	Я	Ф	Ы	И	Р	Т	Е	Ч	С	А	Р	А
Ш	Е	С	Т	Е	Р	Н	И	Ы	Ш	Э	И	Г	У	Б
Ж	И	Д	К	О	С	Т	Ь	И	Т	Н	Т	Р	Т	И
И	З	М	Е	Р	Е	Н	И	Е	Д	Е	Т	А	К	Л
У	Г	О	Л	Б	Е	У	Г	О	И	Р	Р	М	У	Ь
М	М	А	Ш	И	Н	А	А	С	З	Г	Е	М	Р	Н
Ы	О	Щ	С	М	Ы	Ж	Ч	Ь	Е	И	Н	А	Т	О
Б	Х	Т	С	И	Л	А	Ы	К	Л	Я	И	Е	С	С
Ы	К	Е	О	Ц	Щ	Т	Р	Ъ	Ь	О	Е	П	Ы	Т
Ч	Т	Е	М	Р	Т	Е	М	А	И	Д	Я	К	В	Ь
Р	А	С	П	Р	Е	Д	Е	Л	Е	Н	И	Е	И	О
С	Т	Р	О	И	Т	Е	Л	Ь	С	Т	В	О	А	Я
Ч	С	Ъ	Г	Н	Ь	О	Ю	Е	М	К	Р	Ц	Ж	Н

ОСЬ
РАСЧЕТ
ДИАГРАММА
ДИЗЕЛЬ
ДИАМЕТР
ЭНЕРГИЯ
ЖИДКОСТЬ
ШЕСТЕРНИ
РЫЧАГИ
СТРОИТЕЛЬСТВО
МАШИНА
ИЗМЕРЕНИЕ
МОТОР
ТРЕНИЕ
СТАБИЛЬНОСТЬ
СИЛА
СТРУКТУРА
ГЛУБИНА
РАСПРЕДЕЛЕНИЕ
УГОЛ

54 - Kaffee

В	П	Р	О	И	С	Х	О	Ж	Д	Е	Н	И	Е	В
Ж	К	И	У	Р	В	У	М	О	Л	О	Т	Ь	Ц	Б
И	Д	У	Я	В	Т	А	М	О	Р	А	У	Ю	Т	О
Д	Б	Ч	С	Ф	П	У	К	Ь	Я	В	Р	М	Ы	Ж
К	Р	А	З	Н	О	О	Б	Р	А	З	И	Е	П	А
О	А	Н	А	Г	М	Ч	Г	Б	О	У	Ш	Р	М	Р
С	Х	Е	М	О	Л	О	К	О	И	Ш	Ю	К	Р	Е
Т	А	Ц	Ь	Ъ	А	Ч	Р	Щ	О	Ш	Х	П	Т	Н
Ь	С	Щ	Ж	Ъ	В	Е	Н	Б	Щ	Щ	Н	Д	Ь	Ы
К	О	Ф	Е	И	Н	Р	А	К	Ш	А	Ч	Ю	Л	Й
Л	О	О	Я	О	Л	Н	П	Г	О	Р	Ь	К	И	Й
Ы	Е	А	Ь	П	Ч	Ы	И	В	Н	Ь	Ю	Ь	Ф	М
Ш	Р	Ш	С	Ч	Б	Й	Т	Т	О	Р	Ц	Ч	Ж	Ъ
С	Ж	Г	М	А	Р	В	О	Щ	Ю	Д	Н	М	К	Ь
П	И	Т	Ь	Н	Ы	Ъ	К	Е	Ы	Х	А	У	И	Ы

АРОМАТ
ГОРЬКИЙ
КРЕМ
ФИЛЬТР
ЖИДКОСТЬ
ЖАРЕНЫЙ
ВКУС
НАПИТОК
КОФЕИН
МОЛОТЬ
МОЛОКО
УТРО
ЦЕНА
ЧЕРНЫЙ
ЧАШКА
ПИТЬ
ПРОИСХОЖДЕНИЕ
РАЗНООБРАЗИЕ
ВОДА
САХАР

55 - Gemüse

М	Ц	В	Т	Х	И	Г	Г	П	Р	С	И	Б	Б	Ю
У	Е	К	О	Г	Ц	У	О	Е	Е	Е	Г	Р	А	К
Ц	К	Д	Ь	И	В	Ы	Р	Т	П	Ь	Ю	О	К	Ц
Т	Н	Ъ	М	А	Х	Н	О	Р	А	Л	И	К	Л	Ъ
А	Х	Ц	Р	Ъ	Л	Т	Х	У	Ц	Е	У	К	А	Л
Л	Б	Ш	Б	Ы	Ф	Я	Е	Ш	Е	Ф	Н	О	Ж	У
А	У	А	П	Ъ	Ь	В	О	К	Р	О	М	Л	А	К
С	Р	Ц	Б	И	Р	Г	Е	А	У	Т	Ц	И	Н	А
Т	Ц	Т	В	Т	Н	Ф	Ц	К	Г	Р	Ш	Ь	Ю	П
Ы	Ч	У	И	Р	Р	А	Д	В	О	А	Е	Ы	Ъ	Г
К	Е	Щ	К	Ш	К	П	Т	И	Ь	К	О	Р	Ж	Я
В	С	У	Ф	К	О	С	Е	Л	Ь	Д	Е	Р	Е	Й
А	Н	Р	Д	Н	И	К	Ч	О	И	М	Б	И	Р	Ь
Р	О	Н	Ь	Ч	Г	Н	Я	Г	Ш	И	И	Щ	Ф	О
Я	К	Е	Ф	Р	О	Д	И	М	О	П	Е	Г	О	С

АРТИШОК
БАКЛАЖАН
БРОККОЛИ
ГОРОХ
ОГУРЕЦ
ИМБИРЬ
МОРКОВЬ
КАРТОФЕЛЬ
ЧЕСНОК
ТЫКВА
ОЛИВКА
ПЕТРУШКА
ГРИБ
РЕПА
САЛАТ
СЕЛЬДЕРЕЙ
ШПИНАТ
ПОМИДОР
ЦУККИНИ
ЛУК

56 - Schönheit

Ф	Ъ	Я	Ь	Ъ	В	У	К	А	О	Ф	М	Э	Х	Ъ
Ш	Е	И	Н	А	В	О	Р	А	Ч	О	А	Л	Ш	Ж
О	К	Л	Ф	Ц	Ф	Ы	Е	И	Ж	Т	С	Е	Ь	Б
Р	С	Т	И	Л	И	С	Т	Ц	Р	О	Л	Г	Е	Ш
Э	Л	Е	Г	А	Н	Т	Н	Ы	Й	Г	А	А	Л	К
Е	Ф	И	Е	Ф	К	Г	Ч	Ф	Ф	Е	Г	Н	У	Ю
Г	Р	А	Ц	И	Я	Т	Б	П	Д	Н	А	Т	С	К
И	Ш	М	Ы	Ц	И	Н	Ж	О	Н	И	Р	Н	Л	О
П	Р	О	Д	У	К	Т	Ы	М	Ж	Ч	О	О	У	Ж
С	Б	Д	Ь	Н	Ю	В	П	А	Х	Н	М	С	Г	А
Е	Ь	Н	У	П	М	А	Ш	Д	Ь	Ы	А	Т	И	У
Щ	О	Л	А	К	Р	Е	З	А	Н	Й	Т	Ь	Е	Ж
М	Б	К	О	С	М	Е	Т	И	К	А	Ъ	Ж	С	С
Г	Л	А	Д	К	И	Й	Ц	В	Е	Т	А	Т	Щ	Х
Н	Ъ	Ю	Е	Ъ	А	Ф	Ь	О	И	Р	Л	Ж	Ю	Х

ГРАЦИЯ
ОЧАРОВАНИЕ
УСЛУГИ
АРОМАТ
ЭЛЕГАНТНЫЙ
ЭЛЕГАНТНОСТЬ
ЦВЕТ
ФОТОГЕНИЧНЫЙ
ГЛАДКИЙ
КОЖА
КОСМЕТИКА
ПОМАДА
КУДРИ
МАСЛА
ПРОДУКТЫ
НОЖНИЦЫ
ШАМПУНЬ
ЗЕРКАЛО
СТИЛИСТ

57 - Tanzen

Й	И	Ц	В	Е	К	В	Н	Ш	У	Б	Х	Ю	Я	А
Ы	К	Ш	Ц	Р	У	Д	А	К	А	Д	Е	М	И	Я
Н	Ч	Ш	Е	Е	Л	Ш	Р	Т	Р	Щ	Ь	Б	Ц	Н
Ь	П	М	Х	Н	Ь	Ю	У	У	Е	Ъ	Й	Д	О	Х
Л	М	О	У	Т	Т	У	Т	Д	П	С	И	И	М	Е
Е	Ь	Ы	З	Р	У	Н	Ь	С	Е	И	К	С	Э	Н
Т	Я	И	Ц	А	Р	Г	Л	В	Т	М	С	К	Я	Т
И	Ю	С	И	П	Н	Б	У	Б	И	Ж	Е	У	Ч	Е
З	С	Г	П	Д	Ы	Ф	К	К	Ц	Г	Ч	С	Ж	Л
А	Ъ	В	У	Т	Й	Т	М	Т	И	Р	И	С	Ц	О
Р	А	Д	О	С	Т	Н	Ы	Й	Я	Ъ	С	Т	Р	Ш
Ы	Д	В	И	Ж	Е	Н	И	Е	Ф	А	С	В	Г	Г
В	Ж	Р	Щ	Ъ	Ч	М	У	З	Ы	К	А	О	С	Ф
Х	О	Р	Е	О	Г	Р	А	Ф	И	Я	Л	Б	К	К
В	И	З	У	А	Л	Ь	Н	Ы	Й	П	К	Ъ	А	И

АКАДЕМИЯ
ГРАЦИЯ
ВЫРАЗИТЕЛЬНЫЙ
ДВИЖЕНИЕ
ХОРЕОГРАФИЯ
ЭМОЦИЯ
РАДОСТНЫЙ
ПОЗА
КЛАССИЧЕСКИЙ
ТЕЛО
КУЛЬТУРА
КУЛЬТУРНЫЙ
ИСКУССТВО
МУЗЫКА
ПАРТНЕР
РЕПЕТИЦИЯ
РИТМ
ВИЗУАЛЬНЫЙ

58 - Ernährung

Б	У	Ш	Ь	Х	Б	Я	П	Х	О	Б	Г	Е	Ъ	Ч
Г	О	Р	Ь	К	И	Й	И	И	Р	О	Л	А	К	А
Р	Ю	Ю	Л	Ж	Ц	Ю	Щ	Я	Б	Д	Х	Р	Ю	С
В	Р	Е	Б	Т	И	Т	Е	П	П	А	С	Д	Е	Т
Н	И	С	К	О	Т	А	В	Л	В	А	У	О	Б	Ь
Е	У	Д	И	Е	Т	А	А	Ь	Б	Ь	К	В	У	Х
З	Г	Т	П	М	В	Ю	Р	Х	У	Б	В	Т	З	С
Г	Д	Ъ	Р	А	Ж	Р	Е	Л	Г	Г	Ф	С	Д	Ъ
Ш	Щ	О	Б	И	Ч	Ъ	Н	О	Л	Р	У	Е	О	Б
Ы	И	Ц	Р	Ж	Е	Ф	И	П	Е	И	Б	Ч	Р	С
Т	Ы	Ю	Ш	О	К	Н	Е	Ь	В	Ь	Е	А	О	Б
П	Ч	Д	Е	Е	В	Я	Т	Я	О	В	Л	К	В	Л
Ь	Р	Д	К	В	Х	Ы	Ш	П	Д	Е	К	К	Ь	В
В	Е	Ж	Ж	Щ	Т	Я	Й	Х	Ы	С	И	Е	Е	В
М	Н	Б	Х	С	Ъ	Е	Д	О	Б	Н	Ы	Й	Р	Ж

АППЕТИТ
ГОРЬКИЙ
ДИЕТА
СЪЕДОБНЫЙ
ВКУС
ЗДОРОВЫЙ
ЗДОРОВЬЕ
ХЛОПЬЯ
ВЕС
КАЛОРИИ
УГЛЕВОДЫ
НУТРИЕНТ
ЧАСТЬ
БЕЛКИ
КАЧЕСТВО
СОУС
ТОКСИН
ПИЩЕВАРЕНИЕ

59 - Länder #1

В	М	П	В	Л	Я	Я	Я	И	Н	А	М	Р	Е	Г
Ь	Р	У	М	Ы	Н	И	Я	З	М	Н	Ш	М	Х	Ъ
Е	Ы	А	Ь	М	В	Д	И	Р	Д	Ж	Т	В	Ц	Ь
Т	Е	Ю	Х	Я	Ж	Н	Д	А	Ш	Ь	Л	О	П	Ю
Н	А	П	Я	Е	К	Я	Н	И	Ш	А	Е	И	Н	А
А	У	Т	К	Ц	Р	Л	И	Л	Г	Л	П	С	О	Л
М	Г	А	У	Д	Я	Н	С	Ь	Ж	Э	Т	П	Р	Б
Б	А	К	А	Р	И	И	Я	Е	Ъ	У	Л	А	В	К
О	Р	Ф	А	Щ	В	Ф	Б	Ь	Н	С	К	Н	Е	А
Х	А	А	П	Н	Т	Е	П	И	Г	Е	Ъ	И	Г	М
Ц	К	С	З	С	А	М	А	Л	И	Н	Г	Я	И	Б
С	И	Ш	Б	И	Л	Д	Ю	Г	В	Е	О	А	Я	О
К	Н	Г	О	В	Л	С	А	П	В	В	С	Ю	Л	Д
Ъ	Ъ	Л	Ф	П	Ю	И	Ж	Г	У	П	К	Ж	Ц	Ж
Ь	Ц	Ю	Я	Ф	Ь	Е	Я	И	Л	А	Т	И	М	А

ЕГИПЕТ
БРАЗИЛИЯ
ГЕРМАНИЯ
ФИНЛЯНДИЯ
ИНДИЯ
ИРАК
ИЗРАИЛЬ
ИТАЛИЯ
КАМБОДЖА
КАНАДА
ЛАТВИЯ
МАЛИ
НИКАРАГУА
НОРВЕГИЯ
ПОЛЬША
РУМЫНИЯ
СЕНЕГАЛ
ИСПАНИЯ
ВЕНЕСУЭЛА
ВЬЕТНАМ

60 - Wasser

О	П	Ы	П	Е	С	Ъ	С	Н	Е	Г	Г	С	А	Н
Д	Р	В	О	Л	Н	Ы	Д	Ъ	О	Л	Ч	М	Ц	А
Е	О	О	О	К	Е	А	Н	Г	В	Ъ	М	Г	К	В
Л	Д	Ж	Ш	У	Д	О	Л	Ш	Л	О	Р	Е	З	О
Ф	Ш	Я	Д	Е	Д	Я	У	В	А	С	Т	Й	О	Д
М	С	Ь	Х	Ь	Н	Р	Д	Щ	Ж	Т	С	З	Р	Н
А	Ш	Ж	Щ	Г	Ю	И	Р	Ы	Н	У	Ж	Е	О	Е
Ж	Х	И	Л	И	В	Ь	Е	Ы	О	А	Ю	Р	М	Н
И	Ь	Е	И	Н	Е	Р	А	П	С	И	Г	У	П	И
М	Ш	Т	Х	О	Ц	Л	Ж	Ю	Т	Щ	П	А	А	Е
Ь	У	Х	Г	С	Ю	Ю	Н	Ь	Ь	А	Г	К	Р	Ъ
Ф	Г	М	Щ	С	К	А	Н	А	Л	Л	У	Е	Я	У
К	И	Е	В	У	Я	У	М	Я	Ж	В	К	Р	М	Ж
Ф	Ф	П	Ц	М	В	М	Ъ	У	О	М	У	Щ	У	У
А	Н	Х	Ф	И	П	П	И	Т	Ь	Е	В	О	Й	У

ОРОШЕНИЕ
ПАР
ДУШ
ЛЕД
ВЛАЖНОСТЬ
РЕКА
НАВОДНЕНИЕ
МОРОЗ
ГЕЙЗЕР
УРАГАН
КАНАЛ
МУССОН
ОКЕАН
ДОЖДЬ
СНЕГ
ОЗЕРО
ПИТЬЕВОЙ
ИСПАРЕНИЕ
ВОЛНЫ

61 - Science Fiction

У	Ы	Р	Е	А	Л	И	С	Т	И	Ч	Н	Ы	Й	Д
Д	Т	И	Л	Л	Ю	З	И	Я	Л	Х	У	Ю	Н	Б
К	О	О	Х	Ю	Е	Ш	Щ	Т	О	Ь	Ы	Ы	Г	Ъ
И	Б	Р	П	С	П	Л	Л	Х	Е	П	Л	Щ	А	В
Н	О	О	Я	И	Г	О	Л	О	Н	Х	Е	Т	Л	О
О	Р	Ц	Н	Т	Я	К	Н	И	Г	И	Р	Д	А	О
Э	К	С	Т	Р	Е	М	А	Л	Ь	Н	Ы	Й	К	Б
Д	Й	Ы	Н	М	О	Т	А	У	Ж	П	Н	И	Т	Р
Е	Б	Ж	Ш	Г	Г	Р	Ж	К	Ъ	Л	А	Р	И	А
Ф	Ш	С	Н	С	О	Ш	Р	А	Т	А	М	А	К	Ж
В	З	Р	Ы	В	Н	Л	М	Р	Ы	Н	О	Н	А	А
Ф	М	И	Р	Д	Ь	Д	В	О	Р	Е	Р	Е	Е	Е
А	Н	Т	И	У	Т	О	П	И	Я	Т	Ш	Ц	А	М
М	Ж	Ц	И	Т	О	П	Ц	Щ	Л	А	Ф	С	Ф	Ы
Ч	Т	А	И	Н	С	Т	В	Е	Н	Н	Ы	Й	М	Й

АТОМНЫЙ
КНИГИ
АНТИУТОПИЯ
ВЗРЫВ
ЭКСТРЕМАЛЬНЫЙ
ОГОНЬ
ГАЛАКТИКА
ТАИНСТВЕННЫЙ
ИЛЛЮЗИЯ
ВООБРАЖАЕМЫЙ
КИНО
ОРАКУЛ
ПЛАНЕТА
РЕАЛИСТИЧНЫЙ
РОБОТЫ
РОМАНЫ
СЦЕНАРИЙ
ТЕХНОЛОГИЯ
УТОПИЯ
МИР

62 - Literatur

Д	Ь	Ц	В	Ч	Щ	Ж	Г	Щ	Л	Т	У	К	Р	Ъ
Х	И	Т	С	Т	Р	А	Р	О	Ф	А	Т	Е	М	Н
Ь	Ы	А	О	Ю	Ж	Н	А	Н	А	Л	О	Г	И	Я
Ж	Ь	О	Л	А	Ъ	Р	О	П	И	С	А	Н	И	Е
А	Л	М	Е	О	З	А	К	Л	Ю	Ч	Е	Н	И	Е
Я	И	Ф	А	Р	Г	О	И	Б	Ш	Ч	Х	Ц	Р	А
У	Т	Я	Т	О	Ф	Р	Ч	П	Р	О	М	А	Н	Н
Т	С	В	Е	Т	Я	И	З	Т	О	Д	К	Е	Н	А
Ч	Р	Т	М	В	Я	Ф	А	Б	Ж	Э	Ю	Я	Р	Л
Ч	В	А	А	А	П	М	К	К	К	Б	Т	Ц	И	И
Ы	П	К	Г	Л	Ю	А	С	И	Т	Ю	И	И	О	З
Ъ	У	Ъ	Н	Е	Е	Ш	С	Ц	Т	Ш	Л	Ф	К	Ь
Ъ	К	И	И	Б	Д	В	А	Б	П	Р	Т	Д	Я	А
Т	Ш	А	А	Л	Г	И	Р	Р	И	Т	М	Д	Ь	Ь
Ц	Ю	К	Р	Б	Б	Ш	Я	Х	Ь	Щ	И	Ы	И	П

АНАЛОГИЯ
АНАЛИЗ
АНЕКДОТ
АВТОР
ОПИСАНИЕ
БИОГРАФИЯ
ДИАЛОГ
РАССКАЗЧИК
СТИХ
ЖАНР
МЕТАФОРА
ПОЭТИКА
РИФМА
РИТМ
РОМАН
ЗАКЛЮЧЕНИЕ
СТИЛЬ
ТЕМА
ТРАГЕДИЯ

63 - Wandern

В	П	Р	И	Р	О	Д	А	Н	А	К	Ф	Ь	Ш	Ж
У	Ь	Г	О	Р	А	Ы	Ч	П	С	А	Д	О	В	И
Р	Е	Ф	А	Ц	И	Д	Ь	Ь	А	Р	Н	С	Е	В
У	Л	А	Г	Ф	Г	Ь	Ф	Г	К	Т	Т	А	Б	О
И	Т	С	О	Н	С	А	П	О	А	А	Я	М	Ц	Т
К	П	Е	О	Ш	К	И	М	К	М	О	Ж	М	Г	Н
Р	О	М	С	Р	Г	Л	Д	Г	Н	Л	Е	И	Щ	Ы
А	Д	Ы	Я	О	И	Ф	И	И	И	Е	Л	Т	Ц	Е
П	Г	Н	И	П	М	Е	К	М	Т	С	Ы	Ь	Ъ	Ц
И	О	Д	И	К	И	Й	Н	В	А	В	Й	О	Ч	Н
У	Т	И	Е	Щ	В	Щ	М	Т	И	Т	Л	Н	Л	Л
Ц	О	Ж	У	Г	Х	Й	Ы	Л	А	Т	С	У	Ю	О
Н	В	Ю	М	Ы	Б	У	Ж	Ю	Р	Ц	О	А	И	С
И	К	Н	И	Т	О	Б	Ю	В	Ц	Н	И	Г	Ш	Ц
И	А	П	О	Г	О	Д	А	Ь	С	Б	У	Я	Ж	В

ГОРА
КЕМПИНГ
ОПАСНОСТИ
САММИТ
КАРТА
КЛИМАТ
УТЕС
УСТАЛЫЙ
ПРИРОДА
ОРИЕНТАЦИЯ
ПАРКИ
ТЯЖЕЛЫЙ
СОЛНЦЕ
КАМНИ
БОТИНКИ
ЖИВОТНЫЕ
ПОДГОТОВКА
ВОДА
ПОГОДА
ДИКИЙ

64 - Länder #2

И	У	А	Н	Д	Щ	А	Ф	Д	Б	Ч	П	Л	Ц	Н
Ъ	Р	П	Г	К	А	Ъ	Н	Ц	М	Ы	Я	Б	Л	И
Т	В	Л	А	П	Е	Н	А	Т	С	И	К	А	П	Г
Л	Я	О	А	Н	И	А	Р	К	У	В	Ч	Ъ	Ы	Е
Ю	И	В	Ь	Н	Ъ	Ч	Я	Л	Д	С	О	А	Л	Р
П	П	Б	Н	П	Д	Ф	В	Я	Ц	У	Ц	Ь	Ц	И
П	О	М	Е	Ч	Я	И	Н	Е	К	Д	Р	Ш	П	Я
Я	И	Е	У	Р	Я	Ч	Я	Т	М	А	Ж	П	Ь	У
М	Ф	К	Г	Я	И	С	С	О	Р	Н	Щ	Ъ	И	Ц
А	Э	С	А	В	Н	Я	И	Н	А	Б	Л	А	К	Н
Й	Г	И	Н	И	О	И	И	Ф	Р	А	Н	Ц	И	Я
К	И	К	Д	Ж	П	Р	Н	Ц	Г	А	И	Т	И	Ь
А	Т	А	А	Ь	Я	И	Н	Ъ	Е	Е	Ц	Т	Я	Т
Г	Я	Я	Ь	С	С	С	Ф	Р	О	Р	Х	Ф	Б	О
П	И	Т	И	Н	М	Ш	Т	Ъ	Я	С	Г	Р	О	Ш

АЛБАНИЯ
ЭФИОПИЯ
ФРАНЦИЯ
ГРЕЦИЯ
ГАИТИ
ИРЛАНДИЯ
ЯМАЙКА
ЯПОНИЯ
КЕНИЯ
ЛАОС
ЛИБЕРИЯ
МЕКСИКА
НЕПАЛ
НИГЕРИЯ
ПАКИСТАН
РОССИЯ
СУДАН
СИРИЯ
УГАНДА
УКРАИНА

65 - Fahrzeuge

Б	А	Ь	Ж	Д	Н	П	Ф	У	Р	Г	О	Н	Б	К
У	А	Ь	Ф	П	А	Е	Л	В	Р	Х	А	Т	Б	А
Ю	И	Ь	Ш	Щ	В	Ш	Ю	О	Ч	Р	Г	Ъ	К	Р
Ъ	Р	С	Ю	Е	Т	Ф	Т	Б	Т	У	Ц	Г	Н	А
В	Ц	Ь	Ш	Б	О	В	С	А	М	О	Л	Е	Т	В
Е	Н	Ы	Ы	Н	М	Р	Е	Т	У	К	С	Р	Ь	А
Л	Р	Ш	Г	Ж	О	О	Т	Р	О	Т	О	М	Т	Н
О	Т	К	Я	О	Б	А	Ч	Е	Т	Ч	Ч	Х	У	Г
С	Г	Щ	Ы	Н	И	Ш	П	А	М	О	Р	А	П	Р
И	С	К	А	Т	Л	П	Г	В	Ю	М	Л	Щ	Щ	У
П	Т	У	Т	Д	Ь	О	О	Т	В	Щ	Ч	Е	Х	З
Е	Ж	Ж	Е	Ъ	Ы	Е	Р	О	Т	К	А	Р	Т	О
Д	Г	О	К	Ц	Ъ	З	Р	Б	П	Г	Н	У	Ш	В
К	Ж	Ч	А	Г	Т	Д	Б	У	Л	О	Д	К	А	И
Ж	Е	О	Р	Ь	У	А	В	С	А	Я	Ф	В	Л	К

АВТОМОБИЛЬ
ЛОДКА
АВТОБУС
ВЕЛОСИПЕД
ПАРОМ
ПЛОТ
САМОЛЕТ
ВЕРТОЛЕТ
ГРУЗОВИК
МОТОР

РАКЕТА
ШИНЫ
СКУТЕР
ТАКСИ
ТРАКТОР
МЕТРО
ФУРГОН
КАРАВАН
ПОЕЗД

66 - Musikinstrumente

П	И	А	Н	И	Н	О	Н	О	Б	М	О	Р	Т	Р
П	Ы	В	Щ	А	К	И	Н	О	М	Р	А	Г	У	Ц
Е	Е	Ы	Т	Ы	Т	Р	Ж	Л	Ф	Г	П	Л	Б	С
Р	Ш	Я	Ф	Б	Ь	Л	Е	Ч	Н	О	Л	О	И	В
К	А	Б	А	Н	Д	Ж	О	В	Ч	Б	С	Ч	Ь	Ч
У	Т	Х	Х	Т	К	Ю	Н	К	И	О	Н	К	Ш	Ю
С	Р	А	Л	П	Е	И	Ь	В	Ь	Й	А	Ы	А	А
С	У	Ц	П	С	Ю	Е	С	Я	Ю	Я	Б	Д	Н	С
И	Б	Я	Г	Б	М	А	Р	И	М	Б	А	Ф	И	С
Я	А	П	И	У	Ь	Ж	М	Т	Е	Н	Р	А	Л	К
А	Х	Ы	Т	Б	Ы	Ф	Щ	О	Г	Ш	А	А	О	Р
Ж	Ц	В	А	Е	Х	Н	К	Г	Ъ	В	Б	Р	Д	И
С	В	С	Р	Н	П	Г	Ь	А	С	Б	Т	Ф	Н	П
И	М	Ш	А	Т	Й	Е	Л	Ф	Ф	Б	Х	А	А	К
Н	О	Я	Ш	Ю	Г	О	Н	Г	Ц	Ъ	В	Ы	М	А

БАНДЖО
ВИОЛОНЧЕЛЬ
ФАГОТ
ФЛЕЙТА
СКРИПКА
ГИТАРА
ГОНГ
АРФА
КЛАРНЕТ
ПИАНИНО
МАНДОЛИНА
МАРИМБА
ГАРМОНИКА
ГОБОЙ
ТРОМБОН
САКСОФОН
ПЕРКУССИЯ
БУБЕН
БАРАБАН
ТРУБА

67 - Blumen

А	К	Т	И	Р	А	Г	Р	А	М	Ь	К	Ж	Т	Ю
Ж	Ш	Ю	Ш	Е	К	А	М	Д	К	И	Т	Б	Б	Х
П	Щ	Ю	Ж	В	У	Р	Д	О	И	Т	П	Л	Р	Я
К	О	У	П	Е	П	Д	П	Н	Ъ	Г	У	К	Ц	Ф
С	О	Д	Ш	Л	В	Е	Щ	Л	А	Б	Ш	В	Ы	Г
Р	Р	Ю	С	К	Я	Н	Л	Ы	Ю	В	П	И	О	Н
О	Х	К	У	О	Б	И	Т	Р	Щ	М	А	Ж	У	Ь
Д	И	И	К	Ъ	Л	Я	Е	О	М	Ш	Е	Л	М	Ь
У	Д	К	С	Б	К	Н	К	З	Щ	П	К	Р	Я	Щ
В	Е	В	И	Ь	Л	Х	У	А	Ы	У	Г	Х	И	Ш
А	Я	Ъ	Б	Ь	Н	Ц	Б	Х	Ж	Е	К	Р	Ю	Я
Н	И	Я	И	Л	О	Н	Г	А	М	Ы	М	П	С	К
Ч	Л	Щ	Г	Л	Е	П	Е	С	Т	О	К	Ц	Г	М
И	И	Т	Ю	Л	Ь	П	А	Н	Ж	А	С	М	И	Н
К	Л	С	И	Р	Е	Н	Ь	Д	О	Р	Л	Ц	Д	Н

ЛЕПЕСТОК
ГАРДЕНИЯ
МАРГАРИТКА
ГИБИСКУС
ЖАСМИН
КЛЕВЕР
ЛАВАНДА
СИРЕНЬ
ЛИЛИЯ
ОДУВАНЧИК
МАГНОЛИЯ
МАК
ОРХИДЕЯ
ПИОН
ПЛЮМЕРИЯ
РОЗА
ПОДСОЛНУХ
БУКЕТ
ТЮЛЬПАН

68 - Natur

Д	Й	Ж	Ы	Р	О	Г	М	Ю	У	Н	Ю	Ь	Б	Т
Ж	И	И	С	Е	Л	Ч	И	Ъ	Ю	Ш	М	О	Е	Р
И	К	К	К	К	А	Ц	Р	Ж	Р	Т	Е	Ы	З	О
В	С	И	И	А	Т	П	Н	Ш	Б	О	С	К	М	П
О	Е	Н	К	Й	О	Ю	Ы	Л	Е	Ч	П	У	Я	И
Т	Ч	Д	Г	И	С	Б	Й	Ф	Ч	П	С	К	Т	Ч
Н	И	Е	Т	К	А	Ь	Л	Л	Щ	У	В	Р	Е	Е
Ы	М	Л	У	С	Р	Т	Г	А	Г	Ь	Я	Ы	Ж	С
Е	А	П	М	Е	К	Ф	А	П	К	Л	Т	Т	Н	К
Ч	Н	У	А	Ч	Э	Ь	Щ	Д	Т	А	И	И	Ы	И
Ж	И	С	Н	И	Д	Р	П	Ю	П	Н	Л	Е	Й	Й
Т	Д	Т	О	Т	Г	Щ	О	Ц	Ч	Р	И	П	Л	Д
С	Л	Ы	Т	К	П	Ж	В	З	Я	В	Щ	Ф	У	Ю
С	Г	Н	П	Р	Я	М	К	Х	И	В	Е	Ж	А	Г
Ж	Ю	Я	Ф	А	В	Т	С	И	Л	Я	А	В	Р	Ч

АРКТИЧЕСКИЙ
ГОРЫ
ПЧЕЛЫ
ДИНАМИЧЕСКИЙ
ЭРОЗИЯ
РЕКА
МИРНЫЙ
ЛЕДНИК
СВЯТИЛИЩЕ
БЕЗМЯТЕЖНЫЙ
ЛИСТВА
ТУМАН
КРАСОТА
УКРЫТИЕ
ЖИВОТНЫЕ
ТРОПИЧЕСКИЙ
ЛЕС
ДИКИЙ
ОБЛАКА
ПУСТЫНЯ

69 - Urlaub #2

И	В	А	М	Я	Ю	Ж	С	Ы	К	Е	Щ	Ю	А	П
Ы	Н	А	Р	О	Т	С	Е	Р	А	З	И	В	Э	А
Т	Р	О	П	С	А	П	Х	Ы	Р	О	Г	П	Р	Л
Ч	Р	И	С	А	Т	Ь	Л	Е	Т	О	Д	О	О	А
Д	Ъ	А	К	Т	Т	Ь	М	Ц	А	С	К	Е	П	Т
Д	У	Ф	Н	Ы	Р	Г	Д	Ы	Г	Т	В	З	О	К
В	О	О	И	С	К	А	Т	С	К	Р	К	Д	Р	А
Я	Ы	С	И	Ч	П	М	Н	А	Р	О	Ф	Ф	Т	Р
Ъ	Ъ	Ы	У	Ц	Н	О	Ъ	Е	Р	В	С	Ъ	А	Ц
Е	И	Д	Ц	Г	Ю	С	Р	Л	Ц	М	О	Р	Е	Т
Е	И	В	Т	С	Е	Ш	Е	Т	У	П	Н	Л	Н	Х
Ш	Щ	Ж	Я	Л	П	Р	А	З	Д	Н	И	К	М	Ю
О	Ф	Ф	Е	А	Ч	К	К	Е	М	П	И	Н	Г	Ы
И	Н	О	С	Т	Р	А	Н	Н	Ы	Й	А	И	Д	О
В	Т	Щ	С	Ж	Х	Д	Л	П	С	И	Ь	М	У	Ы

ИНОСТРАНЕЦ
ИНОСТРАННЫЙ
ГОРЫ
КЕМПИНГ
АЭРОПОРТ
ДОСУГ
ОТЕЛЬ
ОСТРОВ
КАРТА
МОРЕ
ПАСПОРТ
ПУТЕШЕСТВИЕ
РЕСТОРАН
ПЛЯЖ
ТАКСИ
ТРАНСПОРТ
ПРАЗДНИК
ВИЗА
ПАЛАТКА
ПОЕЗД

70 - Barbecues

С	А	Л	А	Т	Ы	И	Ъ	Ь	Ж	Я	Д	Т	В	Ч
У	И	Ъ	Ж	К	К	К	Г	Ь	Ч	К	Е	М	Ц	Ю
О	Ж	А	Я	У	Ш	Л	Д	Р	Щ	Ш	И	В	О	И
С	Л	Ц	К	Р	Г	И	Р	К	Ы	И	Р	С	Г	И
Е	У	Н	Ы	Ф	О	В	У	Г	Р	И	Л	Ь	С	П
Щ	К	Л	К	Ф	Р	В	З	Я	Ч	А	А	Н	О	Е
Ш	Е	Т	П	В	Я	Ч	Ь	А	Ф	М	Ы	Г	Л	Р
Г	О	Л	О	Д	Ч	П	Я	Ь	М	Е	С	Г	Ь	Е
Ч	Б	А	О	Ч	И	В	Ы	Ч	Ы	К	К	Н	М	Ц
К	Ф	К	Х	В	Й	Ф	С	Б	Р	Ь	Х	О	У	Ь
Ф	О	Ь	Е	Ф	О	О	И	Ъ	Ц	Ш	Ы	Ж	З	Т
К	У	Р	И	Ц	А	Щ	Б	Л	Е	Т	О	И	Ы	Ц
Д	Е	Т	И	В	Г	Н	И	Е	Ь	Н	Н	Ю	К	Б
Ы	П	Ш	Ж	Ц	К	Т	Б	Ц	Д	У	Я	С	А	Б
О	Е	М	С	Ж	Ф	Л	Ю	Е	Б	Ш	Ь	О	В	С

ОБЕД
СЕМЬЯ
ДРУЗЬЯ
ФРУКТ
ВИЛКИ
ОВОЩИ
ГРИЛЬ
ГОРЯЧИЙ
КУРИЦА
ГОЛОД
ДЕТИ
НОЖИ
МУЗЫКА
ПЕРЕЦ
САЛАТЫ
СОЛЬ
ЛЕТО
СОУС
ИГРЫ
ЛУК

71 - Schach

Г	Г	П	О	Н	А	Н	С	В	Ы	Ч	Ь	Я	И	Я
Х	О	Ь	Ф	У	С	Е	Т	Р	Т	Р	Я	С	Н	Я
У	М	Н	Ы	Й	К	Ъ	Р	Е	О	В	Ц	У	Д	Й
П	Р	А	В	И	Л	А	А	М	Ю	С	В	И	Д	Ы
К	О	В	Ш	Ф	Ш	Ш	Т	Я	Ф	Ц	Ю	С	И	Н
О	П	Т	М	Г	Ы	Ю	Е	Щ	Щ	С	Ц	Ж	А	В
Р	П	Р	Т	Ю	П	Я	Г	Б	Д	К	О	Р	Г	И
О	О	Е	Л	Ь	Н	К	И	Н	Е	Б	К	П	О	С
Л	Н	Ж	Л	Г	Ц	У	Я	Т	Ю	Л	Й	Ы	Н	С
Е	Е	Т	У	Р	Н	И	Р	М	К	С	Ы	Щ	А	А
В	Н	Л	Ъ	Т	Ф	Ы	Ш	Я	С	О	Н	Й	Л	П
А	Т	Ш	О	Н	О	И	П	М	Е	Ч	Р	Ь	Ь	Н
Х	М	О	К	В	В	Ч	Р	Г	А	М	Е	О	С	Ъ
И	Г	Р	А	С	Р	У	К	Н	О	К	Ч	Ъ	Л	С
Л	К	Н	Ж	П	Ъ	Г	Ф	И	Щ	Н	Я	Ь	Р	Ь

ЧЕМПИОН
ДИАГОНАЛЬ
ОППОНЕНТ
УМНЫЙ
КОРОЛЬ
КОРОЛЕВА
ЖЕРТВА
ПАССИВНЫЙ
ТОЧКИ
ПРАВИЛА
ЧЕРНЫЙ
ИГРА
ИГРОК
СТРАТЕГИЯ
ТУРНИР
БЕЛЫЙ
КОНКУРС
ВРЕМЯ

72 - Geographie

К	А	Р	Т	А	Ю	С	Л	К	М	Т	Т	Ц	Щ	Н
Т	Р	Ц	Ю	В	М	Е	Х	О	Е	Р	О	М	Ш	Ы
Ь	Е	Е	Е	Г	Ч	В	К	Н	Р	Ф	Ф	У	Ч	Р
Ж	Ф	Р	Г	Ъ	Щ	Е	Г	Т	И	М	Д	Т	Ц	Е
Х	К	Ч	Р	И	И	Р	Щ	И	Д	О	Р	О	Г	К
Г	М	Ц	Г	И	О	Щ	Ы	Н	И	Б	У	Ж	Ю	А
О	Р	А	В	Н	Т	Н	Л	Е	А	Т	О	Р	И	Ш
Б	К	Р	Б	Д	И	О	Ь	Н	Н	С	С	С	Ы	Д
У	Н	Е	Ю	Ц	Х	Д	Р	Т	О	С	Т	Р	О	В
М	Г	Ф	А	П	У	Х	Я	И	С	Т	Р	А	Н	А
И	О	С	Ъ	Н	А	Д	У	П	Я	Ю	Л	Т	О	Е
Р	Р	У	Э	К	В	А	Т	О	Р	Д	Е	О	И	Х
Т	А	Л	Ч	Г	Щ	П	У	А	Т	Л	А	С	Ч	В
Л	В	О	Ь	Х	Ц	А	Ш	У	В	Я	Ъ	Ы	Ж	Р
Х	Ю	П	Л	Л	Т	З	Ч	Б	Р	Д	Е	В	Н	О

АТЛАС
ЭКВАТОР
ГОРА
ШИРОТА
РЕКА
ТЕРРИТОРИЯ
ПОЛУСФЕРА
ВЫСОТА
ОСТРОВ
КАРТА
КОНТИНЕНТ
СТРАНА
МОРЕ
МЕРИДИАН
СЕВЕР
ОКЕАН
РЕГИОН
ГОРОД
МИР
ЗАПАД

73 - Zahlen

О	М	Я	Ю	Д	Д	Д	Х	Ч	М	К	П	Я	Т	Ь
С	Ф	Ы	Т	В	Р	Е	Е	Ь	П	Я	М	И	Р	Т
Р	У	Е	П	А	Х	С	В	С	Г	С	Щ	Ч	Р	С
П	Ы	С	К	Д	К	Е	Ф	Я	Я	М	М	О	Х	Е
Ш	Ф	Ь	Д	Ц	Ю	М	Ж	Х	Т	Т	М	И	Л	Ш
С	Е	Е	Н	А	Ы	Ь	Л	У	Н	Ь	Ь	Ф	Х	Г
Е	Р	С	Ь	Т	А	Ц	Д	А	Н	Р	Ы	Т	Е	Ч
М	Ы	Е	Т	Ь	Т	А	Ц	Д	А	Н	Т	Я	П	Ц
Н	Т	Й	Ы	Н	Ч	И	Т	Я	С	Е	Д	Ш	А	Ч
А	Е	Ж	Ь	Т	А	Ц	Д	А	Н	М	Е	С	О	В
Д	Ч	Ь	Т	А	Ц	Д	А	Н	Т	Я	В	Е	Д	Щ
Ц	В	О	С	Е	М	Ь	Ц	Ю	М	Щ	Ш	Д	Р	С
А	В	Д	Ь	Т	А	Ц	Д	А	Н	Е	В	Д	О	Ь
Т	Ж	Т	К	Р	К	Ш	Л	Ы	Т	Ъ	Т	Ф	Ж	Ф
Ь	Т	А	Ц	Д	А	Н	И	Р	Т	Ь	С	Х	Х	Р

ВОСЕМЬ
ВОСЕМНАДЦАТЬ
ДЕСЯТИЧНЫЙ
ТРИ
ТРИНАДЦАТЬ
ПЯТЬ
ПЯТНАДЦАТЬ
ДЕВЯТЬ
ДЕВЯТНАДЦАТЬ
НУЛЬ
ШЕСТЬ
ШЕСТНАДЦАТЬ
СЕМЬ
СЕМНАДЦАТЬ
ЧЕТЫРЕ
ЧЕТЫРНАДЦАТЬ
ДЕСЯТЬ
ДВАДЦАТЬ
ДВА
ДВЕНАДЦАТЬ

74 - Kunst Liefert

Ч	Ж	Т	Т	М	П	Д	Н	Ж	Ф	Я	К	Ж	Щ	С
Ц	Е	Ь	Ч	Б	Ц	Я	П	Я	М	И	Р	Р	Ш	Т
Е	Т	Р	Е	Б	Ь	Л	О	М	Х	Ш	Е	У	Ь	У
К	О	Ъ	Н	Ы	Б	Л	Д	Л	Б	А	А	Г	М	Л
С	Л	Т	В	И	Е	Д	И	Ц	И	Д	Т	О	Х	Ь
Я	С	Е	Б	К	Л	И	Х	Ф	А	Н	И	Л	Г	Ч
У	А	Л	Й	Т	Ю	А	Д	О	В	А	В	Ь	С	Б
П	М	Г	Ж	Е	Ц	В	Е	Т	А	Р	Н	П	О	У
П	Е	Ы	Н	Щ	Е	Б	Л	Ш	Р	А	О	Я	Б	М
К	Ь	Ч	Х	Щ	Д	Б	Б	Ч	Е	К	С	С	Ю	А
О	С	Щ	С	К	Н	И	Ш	Ф	М	Б	Т	Ш	Ж	Г
Ъ	Е	Ш	Ы	Т	Щ	Н	Ш	Р	А	Ю	Ь	Ю	М	А
Т	Р	Й	Ы	В	О	Л	И	Р	К	А	В	Ч	М	Щ
О	У	Ж	Щ	Т	К	Л	Л	У	В	Ю	Ф	Ь	Г	Ф
Л	А	С	Т	И	К	И	Ю	А	Ь	Ф	Я	К	Е	И

АКРИЛОВЫЙ
КАРАНДАШИ
ЩЕТКИ
ЦВЕТА
УГОЛЬ
ИДЕИ
КАМЕРА
КРЕАТИВНОСТЬ
КЛЕЙ
МАСЛО
БУМАГА
ЛАСТИК
МОЛЬБЕРТ
СТУЛ
СТОЛ
ЧЕРНИЛА
ГЛИНА
ВОДА

75 - Tage und Monate

Ю	Х	С	В	П	П	Я	Т	Н	И	Ц	А	И	Н	А
Ф	У	У	О	Ф	О	У	Я	Т	Ш	Ь	Ъ	Ю	Ж	В
Щ	Ш	Б	С	Г	С	Н	В	М	Л	Ж	Б	Л	В	Г
Е	Щ	Б	К	Ь	Х	Н	Е	Р	Е	У	В	Ь	Т	У
Ж	Ь	О	Р	И	Ю	Н	Ь	Д	Ш	С	Ч	Е	О	С
Я	Р	Т	Е	В	Я	Ц	Щ	К	Е	Ь	Я	Ц	Р	Т
Н	Б	А	С	Ж	Г	К	Ь	П	У	Л	Д	Ц	Н	Ъ
В	Я	К	Е	С	Р	Е	Д	А	Г	А	Ь	Б	И	Ь
А	Т	К	Н	Ю	Е	Х	И	Ц	О	Р	Р	Н	К	Е
Р	Н	Ф	Ь	Ф	В	Е	Е	Р	Д	В	Б	К	И	Д
Ь	Е	О	Е	П	Т	К	Ъ	К	Ю	Е	А	Т	Ф	К
Т	С	А	Я	Щ	Е	Т	К	Г	И	Ф	К	В	Ь	Л
Х	Ч	Ч	Р	Б	Ч	К	Ч	Щ	И	Г	Е	Б	О	Ш
Ю	С	Е	А	Ь	Р	Б	Я	Т	К	О	Д	С	Х	Я
Н	Е	Д	Е	Л	Я	Ь	Р	А	Д	Н	Е	Л	А	К

АВГУСТ
ДЕКАБРЬ
ВТОРНИК
ЧЕТВЕРГ
ФЕВРАЛЬ
ПЯТНИЦА
ГОД
ЯНВАРЬ
ИЮЛЬ
ИЮНЬ
КАЛЕНДАРЬ
СРЕДА
МЕСЯЦ
ПОНЕДЕЛЬНИК
НОЯБРЬ
ОКТЯБРЬ
СУББОТА
СЕНТЯБРЬ
ВОСКРЕСЕНЬЕ
НЕДЕЛЯ

76 - Emotionen

Е	Ъ	Ц	Ь	А	Й	Ы	Н	Й	О	К	О	П	С	Н
С	О	Д	Е	Р	Ж	А	Н	И	Е	Т	Б	С	П	Е
П	Е	Ч	А	Л	Ь	Ы	М	К	П	Щ	Л	М	О	Ж
Н	Р	Ж	А	Ш	Ъ	Ф	Ж	С	В	О	Е	У	К	Н
Щ	Т	М	И	Ь	З	В	К	Ъ	Я	Я	Г	Щ	О	О
Ю	О	Г	Р	В	Ш	И	Ы	Ъ	Б	Б	Ч	Е	Й	С
Б	Л	А	Г	О	Д	А	Р	Н	Ы	Й	Е	Н	С	Т
С	Я	П	Ъ	Б	Я	Т	И	П	Ш	Ш	Н	Н	Т	Ь
Д	К	Т	С	Ю	Ы	О	М	Ъ	Р	Ц	И	Ы	В	И
Б	Р	У	Х	Л	Д	Р	И	Ж	Е	Ю	Е	Й	И	И
С	М	Н	К	Х	К	Б	Е	Щ	Я	О	С	Ж	Е	Т
Г	Д	Ь	Л	А	Н	О	С	И	М	П	А	Т	И	Я
Н	О	О	Ч	Р	И	Д	Д	О	В	О	Л	Е	Н	В
Е	П	Р	Ь	Т	С	О	Д	А	Р	Д	П	Т	Р	Г
В	Б	Щ	У	С	В	Л	Ь	Ы	Ь	Ж	Д	У	У	В

СТРАХ
СМУЩЕННЫЙ
БЛАГОДАРНЫЙ
РАДОСТЬ
ДОБРОТА
МИР
СОДЕРЖАНИЕ
СКУКА
ЛЮБОВЬ
ОБЛЕГЧЕНИЕ
СПОКОЙСТВИЕ
СПОКОЙНЫЙ
СИМПАТИЯ
ПЕЧАЛЬ
СЮРПРИЗ
ГНЕВ
НЕЖНОСТЬ
ДОВОЛЕН

77 - Kräuterkunde

К	Д	Щ	Х	С	А	Т	Р	Л	Й	Ч	А	Ы	Ь	Л
Г	К	Ы	К	Н	Я	М	И	Ч	Ы	Ч	Я	Й	Д	А
Ю	Т	Н	Е	И	Д	Е	Р	Г	Н	И	Ш	И	В	В
Ф	Р	К	Е	Н	М	Л	Я	Д	Р	Ф	А	К	Ъ	А
П	И	Ж	О	В	Т	С	Е	Ч	А	К	Ф	С	Л	Н
В	Й	К	Ж	К	Б	О	Ч	Ш	Н	И	Р	Е	А	Д
Р	Ы	Ы	Д	О	А	С	А	Д	И	К	А	Ч	К	А
О	Н	Д	Н	Т	З	Ч	К	К	Л	Е	Н	И	Ш	И
З	Д	Л	Я	Е	И	Ч	Е	У	У	М	Ф	Т	У	О
М	О	Д	Ь	В	Л	Ф	Ж	С	К	К	О	А	Р	Н
А	Г	Е	М	Ц	И	Е	П	К	Н	У	Р	М	Т	М
Р	Ы	Ж	И	В	К	Р	З	С	Н	О	Р	О	Е	С
И	В	Х	Т	Ф	Е	Н	Х	Е	Л	Ь	К	Р	П	Е
Н	А	Р	О	Й	А	М	В	К	У	С	Щ	А	П	А
Э	С	Т	Р	А	Г	О	Н	Ъ	Д	Ю	Д	Я	Б	Ф

АРОМАТИЧЕСКИЙ
БАЗИЛИК
ЦВЕТОК
УКРОП
ЭСТРАГОН
ФЕНХЕЛЬ
САД
ВКУС
ЗЕЛЕНЫЙ
ЧЕСНОК
КУЛИНАРНЫЙ
ЛАВАНДА
МАЙОРАН
ПЕТРУШКА
КАЧЕСТВО
РОЗМАРИН
ШАФРАН
ТИМЬЯН
ВЫГОДНЫЙ
ИНГРЕДИЕНТ

78 - Aktivitäten und Freizeit

Ф	Е	А	Ь	Г	Н	И	Ф	Р	Е	С	Х	Б	Щ	А
Г	О	Н	О	Ч	Н	Ы	Й	А	К	Ь	Я	Ъ	О	Н
Р	Н	Б	Ж	К	П	А	А	С	И	Н	Н	Е	Т	М
Ы	В	И	О	П	Я	Х	Д	С	Ф	Ь	Ц	О	Д	Я
Б	О	Б	П	К	Ы	Ф	Ь	Л	О	Г	Ъ	В	Р	Х
Н	Л	Б	Х	М	С	О	Б	А	В	Е	И	Т	К	К
А	Е	О	С	У	Е	Л	О	Б	Т	Е	К	С	А	Б
Я	Й	Х	А	И	И	К	П	Л	С	И	О	Д	Х	Б
Л	Б	А	Л	Ц	Н	Н	Ь	Я	С	Н	Ы	О	Е	Х
О	О	О	А	К	Я	Ц	Е	Ю	У	А	Щ	В	И	Ш
В	Л	Ь	Ц	Ь	Р	Г	Ъ	Щ	К	В	Ь	О	С	Щ
Л	Л	Л	Е	В	Ы	Ц	М	И	С	А	Б	Д	Ы	П
Я	Ю	А	Ю	Е	Н	У	М	Й	И	Л	Ь	А	У	Г
Б	Е	Й	С	Б	О	Л	М	Ц	Я	П	У	С	О	К
К	Х	О	Ж	Е	С	Ф	У	Т	Б	О	Л	В	К	Ч

РЫБНАЯ ЛОВЛЯ
БЕЙСБОЛ
БАСКЕТБОЛ
БОКС
КЕМПИНГ
РАССЛАБЛЯЮЩИЙ
ФУТБОЛ
САДОВОДСТВО
ГОЛЬФ
ХОББИ
ИСКУССТВО
ГОНОЧНЫЙ
ПЛАВАНИЕ
СЕРФИНГ
НЫРЯНИЕ
ТЕННИС
ВОЛЕЙБОЛ

79 - Formen

Г	Г	Ю	Х	Я	Д	Ц	С	Н	К	Н	С	Ь	Т	Ы
Е	Ю	Ю	П	Б	Ж	О	Ж	П	Я	Р	Я	О	Г	Н
Т	Р	Е	У	Г	О	Л	Ь	Н	И	К	А	Р	П	Е
Б	Ъ	Т	Ж	У	Ц	Л	Ъ	Ч	Н	Л	Ч	Я	Р	У
Ю	М	С	Е	Р	Д	У	Г	А	И	Б	Л	Ъ	И	Ь
А	Н	Г	Е	К	Р	Д	Н	И	Л	И	Ц	Э	З	П
П	Р	Я	М	О	У	Г	О	Л	Ь	Н	И	К	М	Л
Щ	Н	А	Л	О	Б	Р	Е	П	И	Г	П	Н	А	О
К	О	Н	У	С	И	Ь	Ж	Н	А	П	И	П	Н	Щ
Г	Г	О	Ц	Ц	Щ	З	У	Г	О	Л	Р	Щ	О	А
Т	И	Р	Г	Й	Ы	Л	Г	У	Р	К	А	Ы	Щ	Д
Ы	Л	О	Л	Д	Л	А	О	И	Р	Ь	М	Л	Т	Ь
Я	О	Т	Ъ	Ъ	Е	Ъ	В	У	Б	Ю	И	Д	К	В
Ц	П	С	А	В	С	М	Х	К	У	Т	Д	П	Ф	Ш
О	В	А	Л	Ь	Н	Ы	Й	Ч	К	О	А	Ф	Ю	Ю

ДУГА
ТРЕУГОЛЬНИК
УГОЛ
ЭЛЛИПС
ГИПЕРБОЛА
КРАЯ
КОНУС
КРУГ
ИЗГИБ
ЛИНИЯ
ОВАЛЬНЫЙ
ПОЛИГОН
ПРИЗМА
ПИРАМИДА
ПЛОЩАДЬ
ПРЯМОУГОЛЬНИК
КРУГЛЫЙ
СТОРОНА
КУБ
ЦИЛИНДР

80 - Musik

Г	Ф	М	Ы	Ъ	Ю	Х	Ч	П	К	Ж	Т	Н	Р	Б
А	К	Л	А	С	С	И	Ч	Е	С	К	И	Й	И	А
Р	О	Г	А	Р	М	О	Н	И	Я	О	Д	Г	Т	Л
М	Ф	П	Ы	Х	О	Р	Б	А	И	Б	Я	Ч	М	Л
О	Ц	Ъ	Е	Ь	Ю	Ч	Ч	Л	Д	С	С	Ц	И	А
Н	О	Ф	О	Р	К	И	М	Ь	О	Ф	Ь	Л	Ч	Д
И	Т	Х	М	Ж	А	И	П	Б	Л	В	Ъ	Р	Н	А
Ч	Н	Е	Щ	С	Ь	Ы	Е	О	Е	М	Т	Ь	Ы	Т
Е	П	Я	М	Н	П	Е	Т	М	М	П	К	С	Й	Н
С	Д	С	М	П	И	Я	Ь	П	О	Э	Т	И	К	А
К	И	Н	С	Т	Р	У	М	Е	Н	Т	Д	П	Р	К
И	М	У	З	Ы	К	А	Л	Ь	Н	Ы	Й	А	И	Ы
Й	И	К	С	Е	Ч	И	Р	И	Л	Ч	Ы	З	Т	З
Т	У	Щ	Щ	Е	П	Е	В	Е	Ц	Г	Б	В	М	У
И	Щ	В	Я	Ф	Щ	С	Ж	Ц	Ц	Х	А	Ь	Е	М

АЛЬБОМ
ЗАПИСЬ
БАЛЛАДА
ХОР
ГАРМОНИЯ
ГАРМОНИЧЕСКИЙ
ИНСТРУМЕНТ
КЛАССИЧЕСКИЙ
ЛИРИЧЕСКИЙ
МЕЛОДИЯ
МИКРОФОН
МУЗЫКАЛЬНЫЙ
МУЗЫКАНТ
ОПЕРА
ПОЭТИКА
РИТМИЧНЫЙ
РИТМ
ПЕВЕЦ
ПЕТЬ
ТЕМП

81 - Antiquitäten

Э	Ь	Ь	Щ	Ж	Ю	Д	Ш	М	М	К	Д	Л	С	Я
Э	Л	Я	Е	И	Е	И	Н	Я	О	Т	С	О	С	Б
Н	И	Е	М	Е	Б	Е	Л	Ь	Н	О	В	Д	А	Т
Т	Т	Р	Г	Т	К	Ф	П	Х	Е	Ч	Ж	Щ	Н	О
У	С	Е	Ы	А	И	И	Ц	И	Т	С	Е	В	Н	И
З	Ю	Л	О	Н	Н	Г	А	Ж	Ы	Ф	У	Л	Д	О
И	Й	А	В	Е	К	Т	К	Н	У	П	Г	Ц	С	Н
А	Ы	Г	Т	Ц	Ш	Л	Н	А	У	К	Ц	И	О	Н
С	Н	П	С	Х	Ь	Ю	Ф	Ы	С	Ъ	П	Д	Ч	Т
Т	Ч	П	Е	Т	Л	Ю	И	Я	Й	Ы	Р	А	Т	С
Й	Ы	Н	Ч	И	Т	Н	Е	Т	У	А	Х	Ц	М	Ы
Ц	Б	Б	А	С	К	У	Л	Ь	П	Т	У	Р	А	Ж
А	О	А	К	И	С	К	У	С	С	Т	В	О	Ъ	Н
Д	Е	К	О	Р	А	Т	И	В	Н	Ы	Й	Б	Ц	Д
Б	Н	В	Ы	Г	Ц	Е	Н	Н	О	С	Т	Ь	Д	У

СТАРЫЙ
ПУНКТ
АУТЕНТИЧНЫЙ
ДЕКОРАТИВНЫЙ
ЭЛЕГАНТНЫЙ
ЭНТУЗИАСТ
ГАЛЕРЕЯ
ИНВЕСТИЦИИ
ВЕК
ИСКУССТВО

МЕБЕЛЬ
МОНЕТЫ
ЦЕНА
КАЧЕСТВО
СКУЛЬПТУРА
СТИЛЬ
НЕОБЫЧНЫЙ
АУКЦИОН
ЦЕННОСТЬ
СОСТОЯНИЕ

82 - Adjektive #2

О	П	И	С	А	Т	Е	Л	Ь	Н	Ы	Й	Н	Н	Э
С	Д	И	К	И	Й	Я	З	С	И	А	Ы	О	А	Л
П	О	Е	Е	Е	Р	Щ	Д	О	Е	У	Н	Р	Е	Е
С	Р	Л	И	У	В	Ф	О	С	Ы	Т	Н	М	С	Г
Л	В	О	Е	М	Х	Х	Р	Й	С	Е	Е	А	Т	А
И	Ъ	Е	Д	Н	Д	Ъ	О	Ы	И	Н	В	Л	Е	Н
Е	Ж	Ш	Ж	У	Ы	Ь	В	Н	Л	Т	Т	Ь	С	Т
Ъ	О	Ш	Е	И	К	Й	Ы	Т	Ь	И	С	Н	Т	Н
Х	Л	Ю	Х	О	Й	Т	Й	С	Н	Ч	Т	Ы	В	Ы
Ц	Т	Л	Б	Ъ	Ч	Ы	И	Е	Ы	Н	Е	Й	Е	Й
Н	Г	О	Р	Д	Ы	Й	Ю	В	Й	Ы	В	О	Н	Б
Г	О	Л	О	Д	Н	Ы	Й	З	Н	Й	Т	В	Н	П
Ю	К	Я	Е	Г	В	К	И	И	Р	Ы	О	Д	Ы	Н
Т	В	О	Р	Ч	Е	С	К	И	Й	М	Й	М	Й	Щ
Д	Р	А	М	А	Т	И	Ч	Е	С	К	И	Й	Д	К

АУТЕНТИЧНЫЙ
ИЗВЕСТНЫЙ
ОПИСАТЕЛЬНЫЙ
ДРАМАТИЧЕСКИЙ
ЭЛЕГАНТНЫЙ
СВЕЖИЙ
ЗДОРОВЫЙ
ГОЛОДНЫЙ
ТВОРЧЕСКИЙ
ЕСТЕСТВЕННЫЙ
НОВЫЙ
НОРМАЛЬНЫЙ
ПРОДУКТИВНЫЙ
СОЛЕНЫЙ
СИЛЬНЫЙ
ГОРДЫЙ
ОТВЕТСТВЕННЫЙ
ДИКИЙ

83 - Kleidung

Е	Ь	Т	А	Л	П	Р	Ъ	М	П	Г	Ж	Ы	П	О
Е	П	Ц	О	Р	К	А	У	Щ	В	Л	Н	А	Е	Ж
Б	Л	У	З	А	У	М	Л	Б	П	В	Щ	Р	Р	Е
И	И	Л	А	Д	Н	А	С	Ь	А	Д	О	М	Ч	Р
Ш	А	Р	Ф	Е	М	Ж	Я	В	Т	Ш	Ж	М	А	Е
Ы	П	Е	Б	О	Д	И	Ы	У	Я	О	К	Л	Т	Л
Н	Я	К	Ъ	Я	Н	П	А	Б	Б	Ц	П	А	К	Ь
О	Л	Н	Ф	Ц	Б	К	П	О	У	Л	Ж	К	И	Е
Т	Ш	Ш	И	К	Р	Д	П	Ъ	О	Г	К	Т	К	Щ
Д	Р	У	Ф	Ы	А	Р	Ю	Ч	А	Б	Л	Р	Ю	Л
К	Ъ	Б	Я	Ф	С	Я	О	П	Ъ	Х	О	У	Р	В
Ч	Т	Ь	Г	П	Л	Н	Ш	Ю	С	Ц	Т	К	Б	Ъ
Е	С	Б	П	Р	Е	Т	И	В	С	У	А	Ъ	Е	И
А	Н	А	В	Щ	Т	М	Г	Ж	Ф	А	Р	Т	У	К
В	Щ	Р	Ъ	Г	Ь	В	Е	Ч	Д	Ю	Б	К	А	К

БРАСЛЕТ
БЛУЗА
ПОЯС
ОЖЕРЕЛЬЕ
ПЕРЧАТКИ
РУБАШКА
БРЮКИ
ШЛЯПА
КУРТКА
ДЖИНСЫ
ПЛАТЬЕ
ПАЛЬТО
МОДА
СВИТЕР
ЮБКА
САНДАЛИИ
ШАРФ
ПИЖАМА
ОБУВЬ
ФАРТУК

84 - Farben

Л	Й	Ы	Н	Е	Л	Е	З	Ж	Л	Т	Ю	Л	Р	П
Л	Ы	Р	Ц	А	К	Ф	Г	И	А	Ч	Б	Г	С	У
Ч	В	С	П	Я	И	Щ	Ы	Ъ	З	М	Г	Ь	Ю	Р
А	Е	К	П	Т	Ы	Ц	Н	Ж	У	Д	И	М	Ж	П
И	Н	Д	И	Г	О	А	О	У	Р	Ы	О	Ж	К	У
К	Ч	С	Ф	У	К	С	И	Я	Н	Ы	Й	Г	Р	Р
У	И	Е	Л	Х	С	К	Ч	Ь	Ы	Н	Ы	Ь	А	Н
Л	Р	П	Р	В	К	О	Д	О	Й	Ю	В	Ш	С	Ы
Ч	О	И	Ь	Я	Б	Д	Й	Ы	Н	Р	Е	Ч	Н	Й
Щ	К	Я	Е	Х	Т	Й	Ы	Т	Л	Е	Ж	К	Ы	К
Ф	И	О	Л	Е	Т	О	В	Ы	Й	Б	Н	К	Й	Л
С	Е	Р	Ы	Й	Е	Ф	О	У	И	Е	А	Л	М	Р
Б	Е	Ж	Е	В	Ы	Й	З	Т	Н	Л	Р	Ж	У	Е
Ы	Ж	С	Ф	Т	Л	Д	О	Ш	И	Ы	О	М	М	Я
Г	И	П	Т	Т	Ф	Н	Р	Р	С	Й	У	Ф	Ч	Ф

ЛАЗУРНЫЙ
БЕЖЕВЫЙ
СИНИЙ
КОРИЧНЕВЫЙ
ФУКСИЯ
ЖЕЛТЫЙ
СЕРЫЙ
ЗЕЛЕНЫЙ
ИНДИГО
ФИОЛЕТОВЫЙ
ПУРПУРНЫЙ
ОРАНЖЕВЫЙ
РОЗОВЫЙ
КРАСНЫЙ
ЧЕРНЫЙ
СЕПИЯ
БЕЛЫЙ
ЦИАН

85 - Haus

К	Я	П	О	З	Б	И	Б	Л	И	О	Т	Е	К	А
Р	Щ	Ч	К	Е	Г	Ъ	Я	Х	Ы	Ъ	Х	В	О	В
Ы	П	М	Н	Р	Е	Д	Х	Я	Ю	И	П	А	Л	Ы
Ш	У	Д	О	К	Ф	Ш	Т	И	О	Л	Ъ	Л	О	Ъ
А	Ы	Я	В	А	К	И	Р	У	З	Л	Р	Щ	Т	Л
Х	К	Ю	Е	Л	Ы	Ъ	Ц	Х	Г	А	Ф	Е	О	А
Г	Ш	Ч	Д	О	Х	О	М	Ы	Д	М	Б	Д	П	М
У	Ф	В	Р	С	Ч	Е	Р	Д	А	К	Г	О	Ъ	П
Г	А	Р	А	Ж	П	Ы	В	А	Е	С	В	Ш	Р	А
Ц	Т	М	О	К	С	А	Ь	С	У	Ч	И	Ш	С	Щ
Б	А	Е	Р	И	В	Т	Л	П	Р	К	Щ	Л	М	Х
Ъ	Н	Т	П	Х	Ч	А	Е	Ь	Р	Е	В	Д	Д	А
Ж	М	Л	Ш	О	Д	С	Б	Н	Н	И	М	А	К	С
Ф	О	А	Ь	Н	А	С	Е	Ц	А	Я	Н	Х	У	К
О	К	Л	Е	Я	Т	С	М	Н	Ф	Е	Г	С	Ш	Ч

МЕТЛА
БИБЛИОТЕКА
КРЫША
ЧЕРДАК
ПОТОЛОК
ДУШ
ОКНО
ГАРАЖ
САД
КАМИН
КУХНЯ
ЛАМПА
МЕБЕЛЬ
СПАЛЬНЯ
ДЫМОХОД
ЗЕРКАЛО
ДВЕРЬ
СТЕНА
ЗАБОР
КОМНАТА

86 - Bauernhof #1

Ж	Ж	Ш	М	С	Л	Ю	К	И	З	Г	И	Ц	Н	Ч
Ч	Ц	Ъ	Ъ	К	О	Н	Т	Д	А	К	Ш	О	К	О
Б	Ж	Ъ	Ф	У	Ш	Ж	О	С	Б	О	Ц	Р	Ц	Л
Г	Я	А	Л	Р	А	Б	Ч	Е	О	К	У	С	И	Е
П	О	Л	Е	И	Д	Ж	Я	У	Р	О	С	Е	Л	С
П	Р	М	П	Ц	Ь	С	Л	Ж	Х	Д	Н	Щ	Л	Ъ
У	О	Р	А	А	З	О	К	А	Е	В	Д	Ь	Ю	Ф
И	У	Ч	Ж	М	И	Б	С	В	И	Н	Ь	Я	М	Т
Ь	Х	С	В	Щ	Ы	А	Д	О	Н	Е	С	Л	Ю	Я
О	Ч	Ю	Т	А	У	К	Ж	Р	Е	Л	О	М	Т	К
Л	Ю	М	Р	Д	Л	А	Н	О	Р	О	В	Е	В	Ш
Т	Т	Щ	Б	О	Д	Е	У	К	Б	Ъ	Щ	З	Ж	В
Ы	Н	Щ	Ъ	В	Ц	Ъ	Ч	Ж	О	Г	О	Х	Т	Е
Л	Е	Т	Е	Л	Е	Ц	О	П	Д	Е	М	А	В	Е
С	И	Х	Б	Т	Ц	Ж	Г	Е	У	О	Я	Р	Ч	Щ

ПЧЕЛА
ПОЧВА
УДОБРЕНИЕ
ОСЕЛ
ПОЛЕ
СЕНО
МЕД
КУРИЦА
СОБАКА
ТЕЛЕЦ
КОШКА
ВОРОНА
КОРОВА
ЗЕМЛЯ
ЛОШАДЬ
РИС
СВИНЬЯ
ВОДА
ЗАБОР
КОЗА

87 - Regierung

С	Д	Е	М	О	К	Р	А	Т	И	Я	П	Д	Е	А
Ш	У	Ь	Т	С	О	М	И	С	И	В	А	З	Е	Н
Н	Ы	Д	Ч	У	В	Д	Е	И	Т	А	М	П	О	К
С	А	Е	Е	Е	Т	Р	А	Й	О	Н	Я	О	Б	О
И	Д	Ц	У	Б	С	Н	Ъ	Ы	Ж	Щ	Т	Л	С	Н
М	О	Х	И	О	Н	В	Т	Н	Ю	Г	Н	И	У	С
В	Б	У	Ж	Я	Е	Ы	Ф	Р	Б	Ь	И	Т	Ж	Т
О	О	Г	Ы	В	В	Ь	Й	И	Ф	Ш	К	И	Д	И
Л	В	М	С	А	А	Ю	Ц	М	П	Ч	Щ	К	Е	Т
Р	С	Ь	Ч	Е	Р	Л	С	З	В	Р	Ы	А	Н	У
Н	К	Л	И	Д	Е	Р	Н	А	Х	Г	А	У	И	Ц
Ю	М	Ю	Ы	О	Ф	Я	Ю	К	М	Ч	Щ	В	Е	И
Р	Ф	Ч	Н	Д	Ч	Ш	С	О	Е	Ь	М	Ш	А	Я
Ы	Х	Й	Ы	Н	Ь	Л	А	Н	О	И	Ц	А	Н	Л
Г	О	С	У	Д	А	Р	С	Т	В	О	Я	Н	Ы	К

РАЙОН
ДЕМОКРАТИЯ
ПАМЯТНИК
ОБСУЖДЕНИЕ
СВОБОДА
МИРНЫЙ
ЛИДЕР
ЗАКОН
РАВЕНСТВО
СУДЕБНЫЙ
НАЦИЯ
НАЦИОНАЛЬНЫЙ
ПОЛИТИКА
ПРАВА
РЕЧЬ
ГОСУДАРСТВО
СИМВОЛ
НЕЗАВИСИМОСТЬ
КОНСТИТУЦИЯ

88 - Berufe #1

Ы	П	Щ	М	Я	Н	Т	А	К	О	В	Д	А	Х	В
Р	Г	С	К	У	С	Ц	О	Ы	М	Т	Л	С	У	О
Р	Е	Ж	И	М	З	Ю	Ы	Ж	Е	Р	Щ	Т	Д	Д
Е	О	Ф	Н	Х	Р	Ы	Ь	Х	Х	Е	Б	Р	О	О
Т	Л	Л	Т	Ь	О	В	К	Л	Б	Н	Ц	О	Ж	П
Л	О	С	О	П	Ц	Л	В	А	В	Е	Ц	Н	Н	Р
А	Г	Г	Х	Ш	Н	Х	О	Р	Н	Р	Р	О	И	О
Г	Н	С	О	Щ	А	Ю	Н	Г	А	Т	Ш	М	К	В
Х	Ж	Ъ	Н	Г	Т	В	Е	Ц	Ф	Ч	В	Н	Ж	О
У	Р	А	Н	И	Р	Е	Т	Е	В	У	Е	О	Л	Д
Б	Г	Ф	К	Ю	Е	Л	П	И	А	Н	И	С	Т	Ч
Ф	Т	Щ	В	Ю	К	И	Н	А	Х	Е	М	Х	В	И
Я	Ы	М	П	А	Т	Р	И	К	Н	А	Б	Ш	Т	К
М	М	Е	Д	С	Е	С	Т	Р	А	Х	Р	Ь	Т	Ы
Ж	К	А	Р	Т	О	Г	Р	А	Ф	А	И	Х	Щ	А

ВРАЧ
АСТРОНОМ
БАНКИР
ПОСОЛ
БУХГАЛТЕР
ГЕОЛОГ
ОХОТНИК
ЮВЕЛИР
КАРТОГРАФ
ВОДОПРОВОДЧИК
МЕДСЕСТРА
ХУДОЖНИК
МЕХАНИК
МУЗЫКАНТ
ПИАНИСТ
ПСИХОЛОГ
АДВОКАТ
ТАНЦОР
ВЕТЕРИНАР
ТРЕНЕР

89 - Adjektive #1

И	С	О	В	Р	Е	М	Е	Н	Н	Ы	Й	М	М	Т
А	Д	Ч	Е	С	Т	Н	Ы	Й	В	А	Ы	О	Е	Я
Б	С	Е	Щ	Щ	П	У	А	Ы	А	К	В	Л	Д	Ж
С	О	С	Н	Н	Р	Ш	Ч	Н	Ж	Т	И	О	Л	Е
О	В	Ч	А	Т	Е	У	Ы	М	Н	И	С	Д	Е	Л
Л	Е	А	Г	С	И	В	Т	Е	Ы	В	А	О	Н	Ы
Ю	Р	С	Л	Е	Е	Ч	И	Т	Й	Н	Р	Й	Н	Й
Т	Ш	Т	У	Р	Ж	Г	Н	Н	Ъ	Ы	К	Й	Ы	О
Н	Е	Л	Б	Ь	И	Д	Ш	Ы	Н	Й	Л	Ы	Й	К
Ы	Н	И	О	Е	У	Х	М	Ч	Й	Ы	Н	Н	Е	Ц
Й	Н	В	К	З	В	Я	Ф	Ж	И	С	Й	М	Ж	У
Л	Ы	Ы	И	Н	Ы	Ц	Ч	Ы	К	И	Ф	О	Я	М
О	Й	Й	Й	Ы	Е	В	Ц	Ш	Н	Ы	Ж	Р	Т	Д
Е	В	Я	Х	Й	Б	Ь	Б	П	О	Б	Ч	Г	Б	Е
Ш	Г	Й	И	К	С	Е	Ч	И	Т	А	М	О	Р	А

АБСОЛЮТНЫЙ
АКТИВНЫЙ
АРОМАТИЧЕСКИЙ
ТЕМНЫЙ
ТОНКИЙ
ЧЕСТНЫЙ
СЕРЬЕЗНЫЙ
СЧАСТЛИВЫЙ
ИДЕНТИЧНЫЙ
МОЛОДОЙ
МЕДЛЕННЫЙ
СОВРЕМЕННЫЙ
СОВЕРШЕННЫЙ
ОГРОМНЫЙ
КРАСИВЫЙ
ТЯЖЕЛЫЙ
ГЛУБОКИЙ
НЕВИННЫЙ
ЦЕННЫЙ
ВАЖНЫЙ

90 - Geometrie

П	И	У	О	К	А	Ы	Ч	Ж	Ч	Ш	Г	Ш	Щ	М
С	А	З	Р	Р	Ф	С	О	Б	И	Г	З	И	О	Ъ
И	Т	Р	М	А	Ж	Х	У	Ь	С	У	И	Д	А	Р
М	О	А	А	Е	В	Ш	Н	П	Л	Р	В	Р	П	Т
М	С	Ю	Г	Л	Р	Н	Я	М	О	К	Т	А	Л	Е
Е	Ы	О	О	Т	Л	Е	Е	Ъ	Н	Б	Р	С	О	М
Т	В	К	Ш	Щ	Ю	Е	Н	Н	Ш	Т	Е	Ч	Щ	А
Р	Л	О	Г	И	К	А	Л	И	И	Н	У	Е	А	И
И	Ъ	Ш	О	Я	Ь	Д	М	Ь	Е	Е	Г	Т	Д	Д
Я	П	Р	О	П	О	Р	Ц	И	Я	М	О	Т	Ь	Ш
М	А	С	С	А	Ъ	Г	Г	Ф	И	Г	Л	О	Г	У
Ъ	У	Б	С	Ь	Н	Ч	О	П	Р	Е	Ь	К	Ш	Т
П	Ч	Я	Б	Щ	О	Ф	Ф	Д	О	С	Н	Н	Ж	И
Л	Ь	Б	Р	К	М	М	Х	Х	Е	О	И	Д	Г	Ъ
П	О	В	Е	Р	Х	Н	О	С	Т	Ь	К	Д	А	У

ПРОПОРЦИЯ
РАСЧЕТ
ИЗМЕРЕНИЕ
ТРЕУГОЛЬНИК
ДИАМЕТР
УРАВНЕНИЕ
ВЫСОТА
КРУГ
ИЗГИБ
ЛОГИКА
МАССА
ЧИСЛО
ПОВЕРХНОСТЬ
ПАРАЛЛЕЛЬ
ПЛОЩАДЬ
РАДИУС
СЕГМЕНТ
СИММЕТРИЯ
ТЕОРИЯ
УГОЛ

91 - Jazz

Щ	Ч	Ж	Ф	П	Ч	Е	О	Н	Н	А	Р	Б	З	И
Щ	Ч	Х	Е	М	Ч	Й	Ы	Р	А	Т	С	Ю	Л	Т
О	Л	Ж	У	Я	Ы	Т	Н	А	К	Ы	З	У	М	Б
Ь	П	Х	Ж	Д	А	Ф	Ж	Т	Р	Е	Ц	Н	О	К
У	Б	Л	Д	Ж	О	Ы	Й	К	У	М	С	Ш	У	П
Т	А	Л	А	Н	Т	Ж	Ы	Н	Д	Д	Ы	Т	Х	Е
М	У	З	Ы	К	А	С	Н	Ж	Е	Ю	Х	Т	Р	С
О	О	Щ	Н	М	Н	М	Т	И	Р	Е	Т	Ь	Н	Н
Б	Я	С	Д	Ц	Л	К	С	У	К	С	Д	Ц	А	Я
Ь	О	А	К	И	Н	Х	Е	Т	Ы	П	О	У	Ж	Р
Л	П	Ы	Е	Ы	Й	Ы	В	О	Н	Ы	Б	Л	Г	Д
А	Г	Щ	Р	О	Т	И	З	О	П	М	О	К	О	Е
Ы	М	Я	И	Ц	А	З	И	В	О	Р	П	М	И	Ь
А	П	Л	О	Д	И	С	М	Е	Н	Т	Ы	Ж	Г	М
О	Ы	Л	Ы	Г	С	Т	И	Л	Ь	Ь	Г	Ф	О	Д

АЛЬБОМ
СТАРЫЙ
АПЛОДИСМЕНТЫ
ИЗВЕСТНЫЙ
ИЗБРАННОЕ
ЖАНР
ИМПРОВИЗАЦИЯ
КОМПОЗИТОР
КОНЦЕРТ
ХУДОЖНИК

ПЕСНЯ
МУЗЫКА
МУЗЫКАНТЫ
НОВЫЙ
ОРКЕСТР
РИТМ
СОЛО
СТИЛЬ
ТАЛАНТ
ТЕХНИКА

92 - Mathematik

П	Ы	Ф	Г	Ь	Э	П	Ю	Я	К	О	К	Е	Ш	В
А	П	Р	Е	А	К	И	Т	Е	М	Ф	И	Р	А	Е
Р	Л	А	О	Ф	С	У	И	Д	А	Р	Н	Я	Д	Р
А	О	К	М	К	П	Ю	Щ	Ш	Н	О	Ь	Л	Е	С
Л	Щ	Ц	Е	Ч	О	М	О	Ч	Д	Н	Л	У	С	Ф
Л	А	И	Т	Р	Н	С	Е	П	Т	П	О	К	Я	Е
Е	Д	Я	Р	Л	Е	У	И	П	Х	И	Г	И	Т	Р
Л	Ь	Х	И	Т	Н	Я	Н	М	Л	Ц	У	Д	И	А
Ь	Ф	С	Я	В	Т	Ц	Е	Е	М	Ц	Е	Н	Ч	М
Д	И	А	М	Е	Т	Р	Н	Ъ	Х	Е	Р	Е	Н	М
П	О	Л	И	Г	О	Н	В	Б	Ц	Ж	Т	П	Ы	У
Ф	Ы	Г	Ю	Т	Ъ	Ъ	А	О	Ь	К	К	Р	Й	С
П	Ш	Ц	Ю	Т	В	Ц	Р	Ю	В	Я	Я	Е	И	Р
К	И	Н	Ь	Л	О	Г	У	О	М	Я	Р	П	Ж	Я
Ч	Р	Б	У	Г	Л	Ы	П	Е	Р	И	М	Е	Т	Р

АРИФМЕТИКА
ФРАКЦИЯ
ДЕСЯТИЧНЫЙ
ТРЕУГОЛЬНИК
ДИАМЕТР
ЭКСПОНЕНТ
ГЕОМЕТРИЯ
УРАВНЕНИЕ
СФЕРА
ПАРАЛЛЕЛЬ
ПОЛИГОН
ПЛОЩАДЬ
РАДИУС
ПРЯМОУГОЛЬНИК
ПЕРПЕНДИКУЛЯР
СУММА
СИММЕТРИЯ
ПЕРИМЕТР
ОБЪЕМ
УГЛЫ

93 - Messungen

М	К	П	С	Н	Т	О	Ф	Д	К	Ч	В	П	Б	Ч
Д	И	Ц	Ц	Р	С	А	Х	Л	Ц	У	Ы	И	Е	Б
Е	Л	Ю	Р	Т	Е	М	И	Т	Н	А	С	Б	Ц	У
С	О	Б	Г	У	Ш	И	Р	И	Н	А	О	Е	Г	Т
Я	Г	Д	А	Ч	Ъ	Д	Ь	Л	Т	Н	Т	Ш	В	О
Т	Р	Х	М	Е	У	А	Ф	Е	Ь	И	А	Н	Ж	Б
И	А	Р	Т	И	Л	Н	Ы	Ы	Ы	Б	Н	В	Ы	Ъ
Ч	М	Т	Т	Ъ	Н	И	Ц	А	Т	У	Н	И	М	Е
Н	М	Е	С	Е	Ы	Л	Ь	И	Б	Л	О	С	О	М
Ы	В	М	Т	И	М	Д	В	Ь	Я	Г	Т	Х	Р	Я
Й	В	М	Е	С	А	О	Г	Ц	Д	Г	Д	В	Ш	Ц
Е	Ы	А	П	П	С	Д	Л	Р	Ж	Ф	Т	Ф	Г	П
А	Б	Р	Е	М	С	Ю	Ж	И	Ц	Ч	Ф	Д	М	В
Ч	Я	Г	Н	А	А	Й	Т	Ц	К	Б	А	Й	Т	Р
Т	Е	Ц	Ь	Ь	Ы	М	К	Р	Е	Т	Е	Ю	У	Ф

ШИРИНА
БАЙТ
ДЕСЯТИЧНЫЙ
ВЕС
СТЕПЕНЬ
ГРАММ
ВЫСОТА
КИЛОГРАММ
КИЛОМЕТР
ДЛИНА
ЛИТР
МАССА
МЕТР
МИНУТА
ГЛУБИНА
ТОННА
УНЦИЯ
ОБЪЕМ
САНТИМЕТР
ДЮЙМ

94 - Boxen

О	Я	Ц	Щ	Ж	П	Ц	Г	Ц	Д	А	Б	Ф	П	П
М	В	Ы	Х	П	Е	Б	Ы	С	Т	Р	Ы	Й	Т	О
Х	Ч	Б	М	М	Р	П	Д	Ь	У	Д	Ж	Т	Ю	Д
Е	Щ	В	Х	Ш	Ч	Т	П	Я	Г	И	Х	Б	У	Б
Л	К	М	Ь	Т	А	Н	И	П	О	Б	Р	Я	Г	О
Н	А	В	Ы	К	Т	Е	К	С	Л	Ь	О	М	Ю	Р
Г	Л	А	Б	А	К	Н	В	К	У	Ю	Н	Е	О	О
Б	И	Р	У	Л	И	О	Е	Ь	О	Д	Р	Ж	Ц	Д
М	С	Т	Г	У	Х	П	Р	Ю	Л	Л	Ь	Ц	Ы	О
Ч	У	Ц	Щ	К	Н	П	Е	Ш	Е	Щ	О	Я	К	К
Л	Л	А	Д	Ж	С	О	В	Ц	Т	Д	В	К	Ю	В
И	З	М	У	Ч	Е	Н	Н	Ы	Й	С	Т	Ш	О	И
Л	Ъ	Ь	Ф	О	К	У	С	Т	О	Ч	К	И	Р	Л
Б	П	Ь	Ъ	Н	Х	Щ	Н	Ш	Ы	П	Ш	У	В	Ы
Я	Я	Т	Ш	П	Н	О	М	Л	О	К	О	Т	Ь	Ж

УГОЛ
ЛОКОТЬ
ИЗМУЧЕННЫЙ
КУЛАК
НАВЫК
ФОКУС
ОППОНЕНТ
КОЛОКОЛ
ПЕРЧАТКИ
БОЕЦ
ПИНАТЬ
ПОДБОРОДОК
ТЕЛО
ТОЧКИ
СУДЬЯ
БЫСТРЫЙ
ВЕРЕВКИ
СИЛА
ТРАВМ

95 - Psychologie

Е	И	Н	А	Н	З	О	П	М	Е	Е	В	Ч	Ы	Г
А	Т	Т	И	Б	Я	Г	Р	К	Ь	Т	Р	Е	К	И
М	Ц	Л	Ь	Р	И	Э	О	В	Т	С	Т	Е	Д	К
С	Е	Ш	О	П	Н	Ч	Б	Н	Ш	Г	Ц	У	Ж	О
У	Ь	Ч	Ч	Ж	Я	В	Л	Щ	М	Ы	С	Л	И	Н
Х	Р	Ж	Т	Е	И	Н	Е	Д	Е	В	О	П	Ю	Ф
Ц	Ж	Б	У	Ы	Л	П	М	К	Н	Щ	М	Б	Ч	Л
Т	Ь	А	Х	Ъ	В	Ы	А	Н	Ы	О	И	Б	Ф	И
Ю	Е	Л	И	Ч	Н	О	С	Т	Ь	Р	И	Ю	В	К
О	В	Р	П	О	Д	С	О	З	Н	А	Н	И	Е	Т
Я	И	Н	А	Н	З	О	С	З	Е	Б	Г	Ж	Ы	М
Б	У	Ч	Б	П	С	Е	Н	С	А	Ц	И	Я	Б	Г
Ю	А	Р	Н	Й	И	К	С	Е	Ч	И	Н	И	Л	К
Я	Щ	Ц	Е	И	Т	Я	И	Р	П	С	О	В	Ш	Т
О	Ц	Е	Н	К	А	И	Д	Е	И	Ж	Е	У	Ь	С

ОЦЕНКА
БЕЗ СОЗНАНИЯ
ЭГО
ВЛИЯНИЯ
МЫСЛИ
ИДЕИ
ДЕТСТВО
КЛИНИЧЕСКИЙ
ПОЗНАНИЕ
КОНФЛИКТ
ЛИЧНОСТЬ
ПРОБЛЕМА
СЕНСАЦИЯ
ТЕРАПИЯ
МЕЧТЫ
ПОДСОЗНАНИЕ
ПОВЕДЕНИЕ
ВОСПРИЯТИЕ

96 - Bauernhof #2

М	Щ	Й	Е	Л	У	О	Щ	С	С	У	Я	Ф	Ъ	В
Ц	О	Ы	С	Д	Е	Р	Ч	А	А	Т	Ч	Е	Ч	Ы
Ц	В	Л	Щ	Е	Ы	О	Щ	Б	Д	К	М	Р	Б	И
К	О	Е	О	Т	Н	Ш	Л	Ц	С	А	Е	М	Ф	Ы
Г	П	П	Ф	К	Т	Е	Ь	А	Ц	В	Н	Е	А	Ю
К	Г	С	Ъ	У	О	Н	И	Ц	М	Ь	Ь	Р	В	И
О	У	Т	Л	Р	В	И	Ы	И	М	А	О	П	А	С
Н	Л	К	Г	Ф	И	Е	А	Н	П	А	С	Т	И	С
Е	Ь	А	У	Я	Ж	Л	М	Е	Я	П	Ж	Д	А	Т
Н	В	А	О	Р	Ш	Т	Б	Ш	Г	Ь	Ъ	Щ	Ы	Т
Г	О	В	Ц	А	У	У	А	П	М	Р	А	А	Ж	Щ
Я	К	Ю	М	С	Ъ	З	Р	О	Т	К	А	Р	Т	Т
В	В	А	Р	И	А	Л	А	И	Ш	Р	У	Ы	Ч	Ю
О	Ж	Ь	А	М	Ф	Л	И	Т	Р	В	Ы	Ц	Ч	Ш
Ы	У	М	А	Т	Д	И	Ъ	В	Ц	И	Г	В	Е	Ж

ФЕРМЕР
ОРОШЕНИЕ
УЛЕЙ
УТКА
ФРУКТ
ОВОЩ
ЯЧМЕНЬ
ЛАМА
ЯГНЕНОК
КУКУРУЗА
МОЛОКО
САД
СПЕЛЫЙ
ОВЦА
ПАСТИ
АМБАР
ЖИВОТНЫЕ
ТРАКТОР
ПШЕНИЦА
ЛУГ

97 - Gartenarbeit

В	В	А	Ь	В	Ш	Й	К	В	Т	И	Л	Ц	Ю	Р
И	Л	Б	С	О	Л	И	О	Ъ	Ф	Я	В	В	Н	П
Ц	Б	А	Е	Д	А	К	М	Ц	М	Н	Р	Е	Б	Щ
Ш	Т	Ю	Г	А	Н	С	П	Ш	Ю	Д	Б	Т	Л	С
Р	М	Б	П	А	Г	Е	О	Т	Ч	Ф	Ю	Е	И	Ъ
О	В	А	Ю	Т	Н	Ч	С	Х	Ь	П	Ь	Н	С	Е
Й	И	К	С	Е	Ч	И	Т	О	З	К	Э	И	Т	Д
Ы	Ы	Г	Ы	К	К	Н	О	Т	Я	Л	Ъ	Е	В	О
Н	А	Л	Г	У	А	А	П	И	Р	Ж	Б	Ш	А	Б
Н	Ш	Н	С	Б	К	Т	С	О	Г	Ш	Е	Ж	О	Н
О	В	Х	Е	Л	С	О	В	У	Ч	Ы	П	Ь	С	Ы
З	Щ	К	Н	М	С	Б	В	П	И	В	Н	С	В	Й
Е	К	О	Н	Т	Е	Й	Н	Е	Р	Н	А	А	Б	П
С	Л	И	С	Т	П	С	Я	Б	Щ	Х	Б	Д	И	В
Ч	А	Ш	Л	Х	Н	Щ	Р	К	Л	И	М	А	Т	Я

ВИД
ЛИСТ
ЦВЕТЕНИЕ
ПОЧВА
БОТАНИЧЕСКИЙ
КОНТЕЙНЕР
СЪЕДОБНЫЙ
ЭКЗОТИЧЕСКИЙ
ВЛАГА
КЛИМАТ
КОМПОСТ
ЛИСТВА
САД
СЕМЕНА
СЕЗОННЫЙ
ШЛАНГ
ГРЯЗЬ
БУКЕТ
ВОДА

98 - Berufe #2

Ф	Ф	И	Л	Л	Ю	С	Т	Р	А	Т	О	Р	Ш	Ъ
Д	О	И	Х	И	Р	У	Р	Г	К	С	Ж	В	Е	Я
Е	У	Т	Л	Ю	И	Ж	У	Р	Н	А	Л	И	С	Т
Т	Ч	О	О	О	Р	Н	У	Ц	А	Б	Ы	Ю	Ъ	А
Е	И	Л	О	Г	С	И	Ж	Щ	Г	А	Е	У	Б	Е
К	Т	И	Ю	Т	Р	О	К	Е	Ш	Б	Ь	Е	Б	М
Т	Е	П	И	Ы	Ъ	А	Ф	Я	Н	Щ	Д	Л	Г	Ъ
И	Л	Щ	О	Д	В	Т	Ф	Ж	Г	Е	Н	Ц	Д	А
В	Ь	О	Г	С	Р	С	Л	Ы	Л	Ъ	Р	Ц	Ф	Я
Х	У	Д	О	Ж	Н	И	К	И	Н	В	О	Д	А	С
М	И	Д	Ч	А	Р	В	Б	И	О	Л	О	Г	Н	А
З	О	О	Л	О	Г	Г	П	Р	Л	Г	Щ	С	Е	Я
Ж	М	Д	Т	В	А	Н	О	Р	Т	С	А	Н	С	Ч
А	Я	Ь	Р	П	Ю	И	Л	Е	Ж	Г	Ж	Д	Ы	Ы
Ч	Ц	Ф	Д	Г	О	Л	О	Т	А	М	О	Т	С	И

ВРАЧ
АСТРОНАВТ
БИОЛОГ
ХИРУРГ
ДЕТЕКТИВ
ФОТОГРАФ
САДОВНИК
ИЛЛЮСТРАТОР
ИНЖЕНЕР
ЖУРНАЛИСТ
УЧИТЕЛЬ
ЛИНГВИСТ
ХУДОЖНИК
ФИЛОСОФ
ПИЛОТ
СТОМАТОЛОГ
ЗООЛОГ

99 - Wetter

Е	Т	Ъ	Б	П	Ъ	Б	Е	Н	П	Я	Ч	О	Ч	А
Е	Е	Д	Л	Ц	С	О	К	Й	О	Х	У	С	Ю	А
Ж	М	Е	Ж	М	О	Л	Н	И	Я	Р	У	Б	А	Ь
Л	П	О	К	А	Л	Б	О	К	З	А	С	У	Х	А
Ц	Е	Ю	В	И	Ш	А	С	С	В	Ж	Т	Ш	А	Д
П	Р	Р	Н	Ю	Г	К	С	Е	Ц	Е	К	Н	К	П
Н	А	Г	А	Р	У	Ц	У	Ч	Щ	Щ	Т	Т	Х	О
Х	Т	Г	М	Д	Т	Г	М	И	Ф	К	Ь	Е	Т	Л
Ч	У	Е	У	Е	У	Ф	Л	П	К	Ь	Ф	Ь	Р	Я
Д	Р	О	Т	Л	Ч	Г	Г	О	Л	Е	Н	С	Ф	Р
И	А	Г	Р	О	М	Г	А	Р	И	Ь	Е	Н	Ш	Н
Б	Ц	Л	Ы	Н	Ы	Ж	Ю	Т	М	В	Б	Н	М	Ы
А	Р	Е	Ф	С	О	М	Т	А	А	М	О	О	П	Й
К	Ч	И	Р	Ф	Ы	Ь	М	А	Т	Е	К	К	Е	А
Е	Г	Ю	З	Т	О	Р	Н	А	Д	О	Е	В	С	Ы

АТМОСФЕРА
МОЛНИЯ
БРИЗ
ГРОМ
ЗАСУХА
ЛЕД
НЕБО
УРАГАН
КЛИМАТ
МУССОН
ТУМАН
ПОЛЯРНЫЙ
РАДУГА
БУРЯ
ТЕМПЕРАТУРА
ТОРНАДО
СУХОЙ
ТРОПИЧЕСКИЙ
ВЕТЕР
ОБЛАКО

100 - Chemie

Ж	К	Ю	И	У	Щ	Т	У	Ф	Ч	И	У	Ы	В	К
Й	Ы	Н	Р	Е	Д	Я	И	Ц	К	А	Е	Р	Ц	В
А	Е	Р	О	Э	Л	Е	К	Т	Р	О	Н	К	Ю	И
А	Р	У	Т	А	Р	Е	П	М	Е	Т	О	И	У	М
В	О	Х	А	Л	У	К	Е	Л	О	М	Р	С	Б	Г
О	Б	Ю	З	Ж	Ъ	Т	Ж	Е	Ж	Ь	Г	Л	Ф	А
Д	Ц	Б	И	Р	А	Щ	Ы	К	Ы	Х	А	О	Е	З
О	М	Х	Л	Ь	Г	Р	Х	Л	О	Р	Н	Р	Р	У
Р	Д	Е	А	К	М	Я	А	Г	А	П	И	О	М	Г
О	П	Ц	Т	К	И	С	Л	О	Т	А	Ч	Д	Е	Л
Д	Ц	Ь	А	Н	Й	О	Н	Ч	О	Л	Е	Щ	Н	Е
Ж	И	Д	К	О	С	Т	Ь	Л	О	С	С	Ъ	Т	Р
С	А	Ж	Ч	И	Х	Е	Б	В	Ж	А	К	Х	Ю	О
Л	Ц	И	Ь	С	В	М	В	Ц	Я	С	И	Ы	Ц	Д
Ц	Ы	Д	К	Ц	П	Х	Ъ	Я	К	Щ	Й	К	Ф	Х

ЩЕЛОЧНОЙ
ХЛОР
ЭЛЕКТРОН
ФЕРМЕНТ
ЖИДКОСТЬ
ГАЗ
ВЕС
ЖАРА
ИОН
КАТАЛИЗАТОР
УГЛЕРОД
МОЛЕКУЛА
ЯДЕРНЫЙ
ОРГАНИЧЕСКИЙ
РЕАКЦИЯ
СОЛЬ
КИСЛОРОД
КИСЛОТА
ТЕМПЕРАТУРА
ВОДОРОД

1 - Gesundheit und Wellness #2

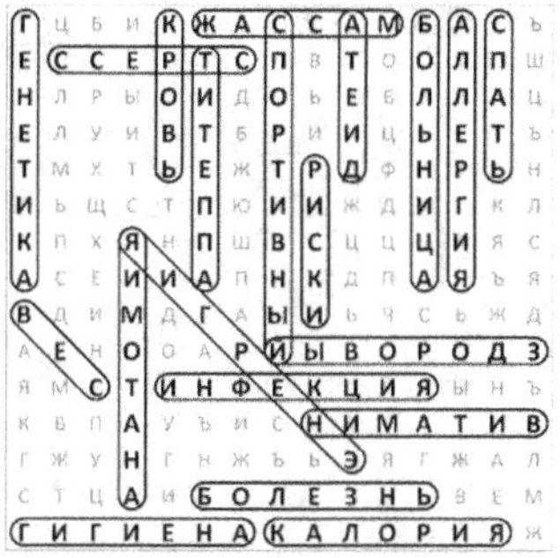

2 - Ozean

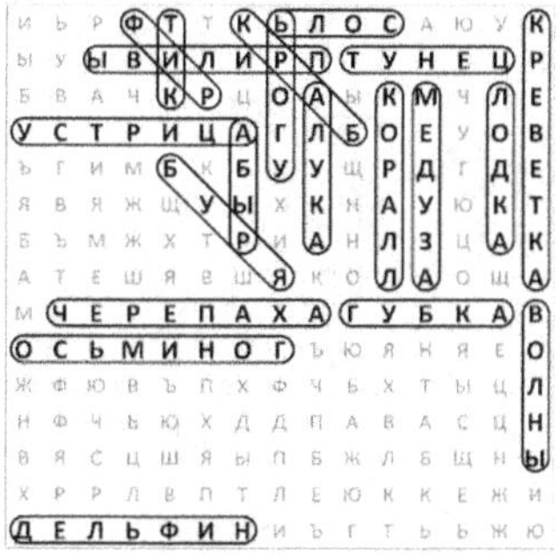

3 - Krankheit

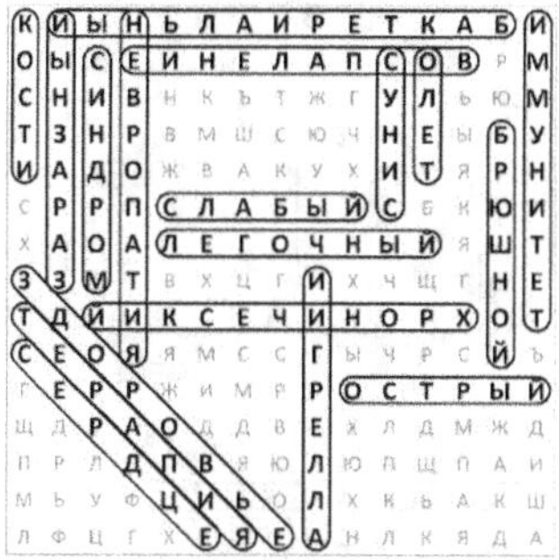

4 - Meditation

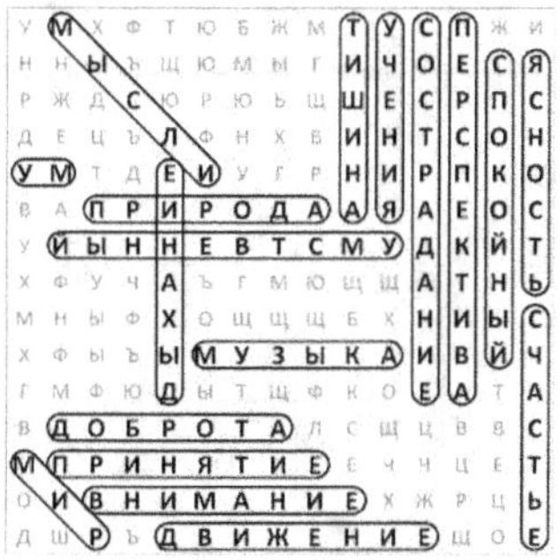

5 - Archäologie

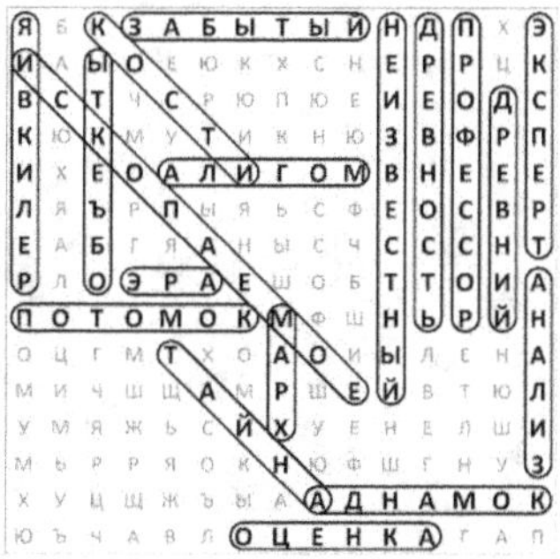

6 - Gesundheit und Wellness #1

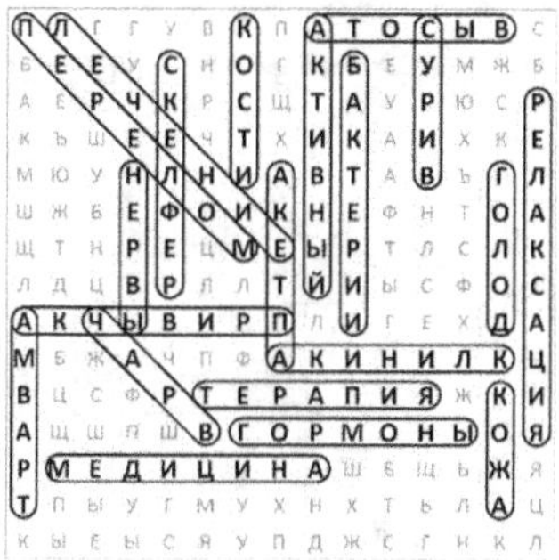

7 - Obst

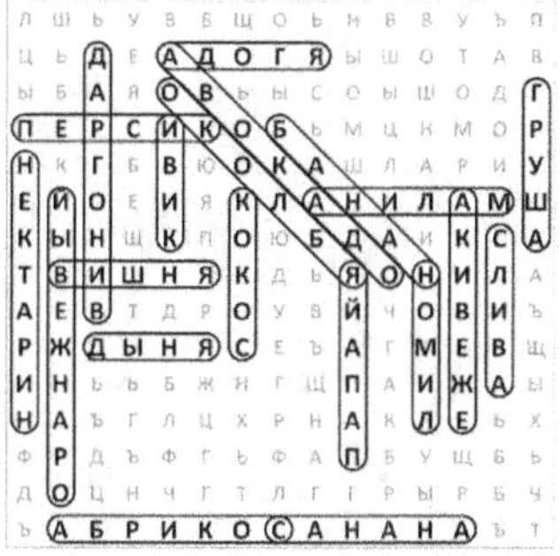

8 - Universum

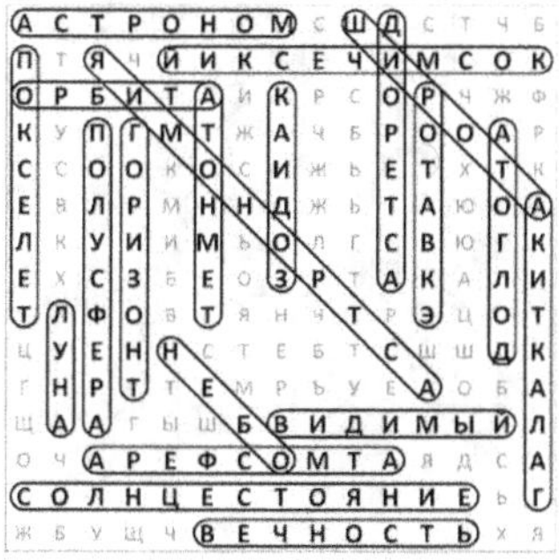

9 - Camping

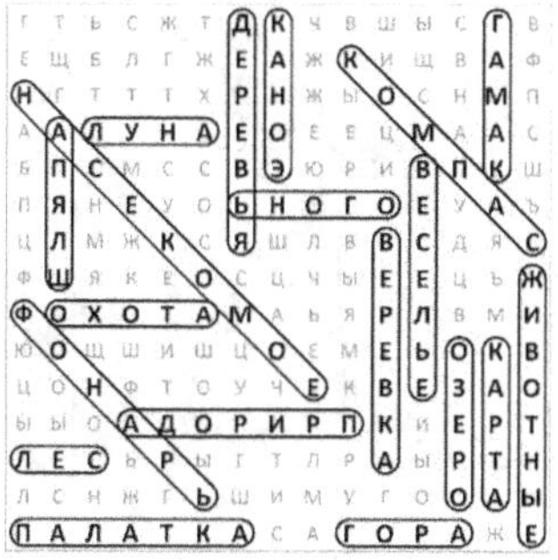

10 - Zeit

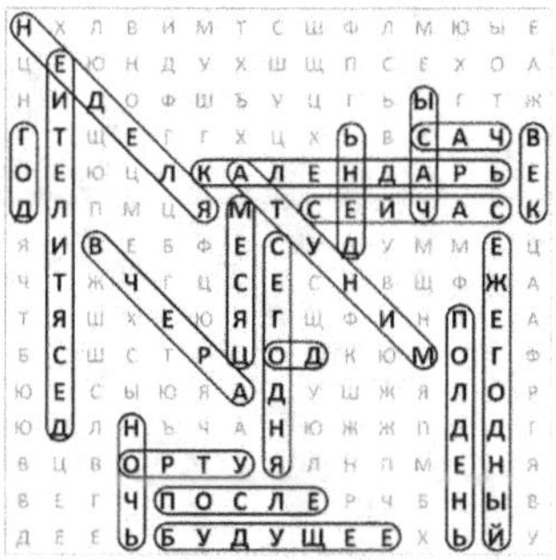

11 - Säugetiere

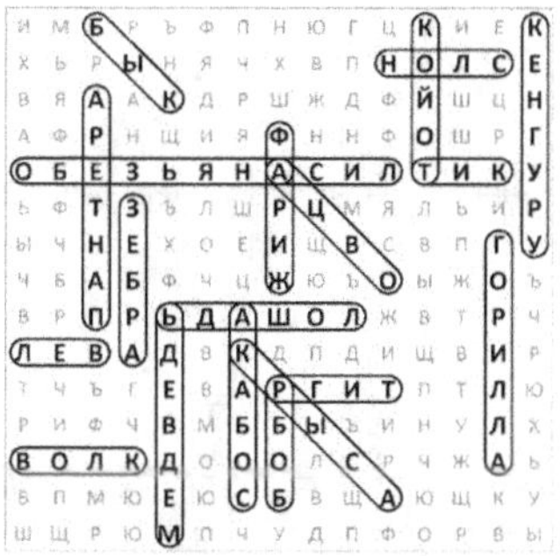

12 - Algebra

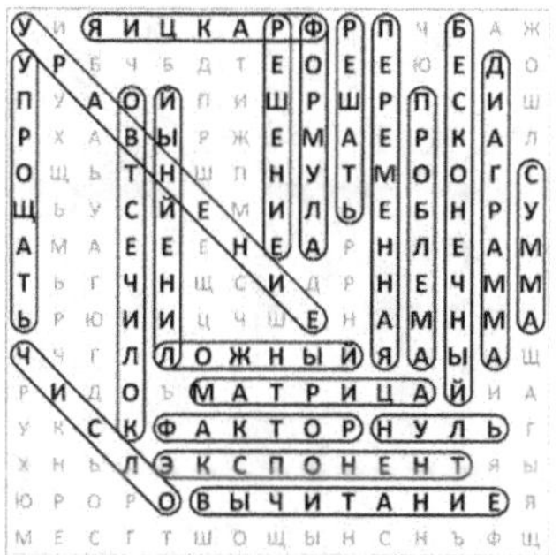

13 - Diplomatie

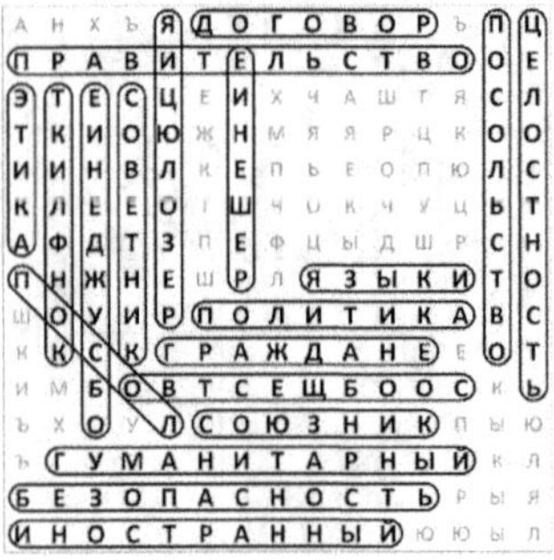

14 - Astronomie

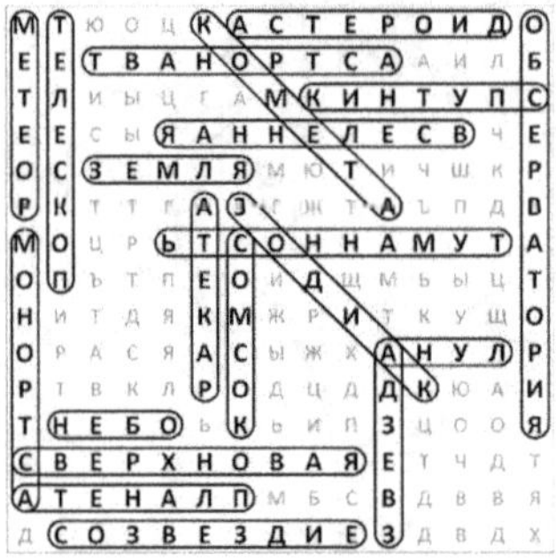

15 - Ballett

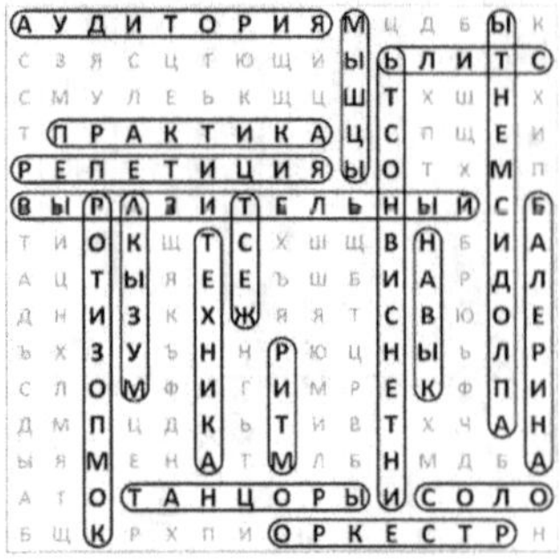

16 - Geologie

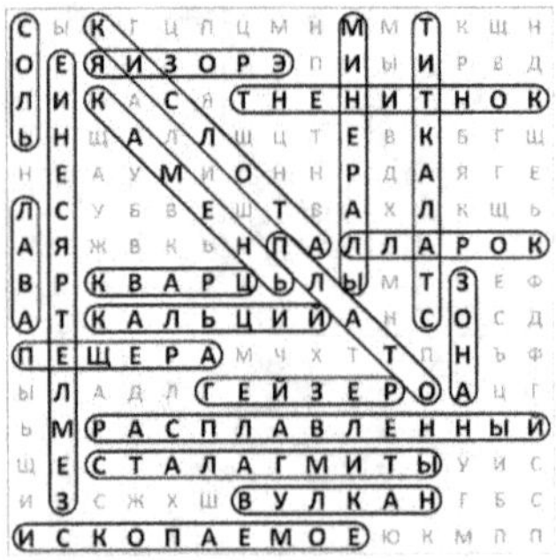

17 - Wissenschaft

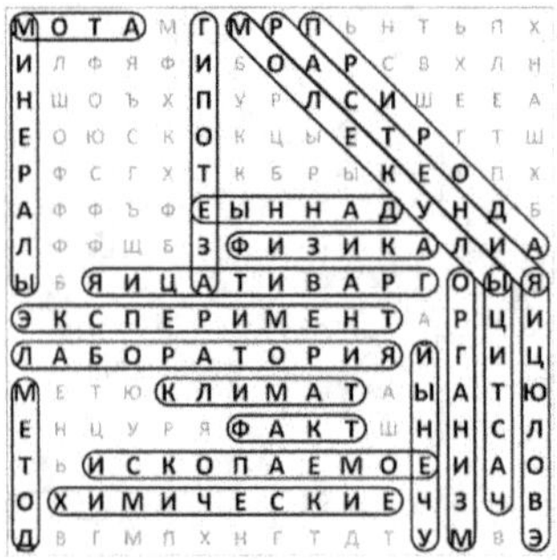

18 - Bildende Kunst

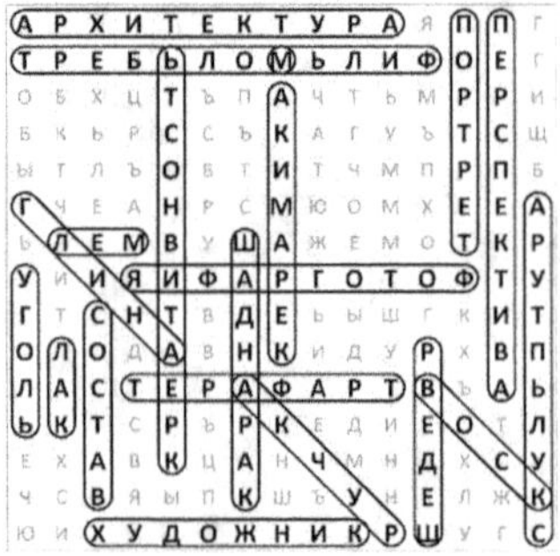

19 - Sport

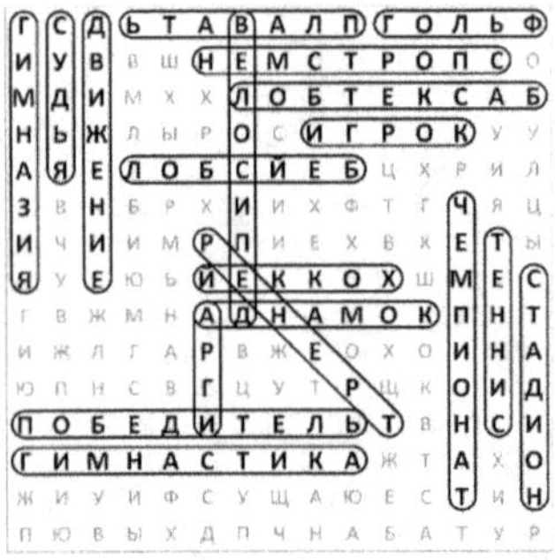

20 - Mythologie

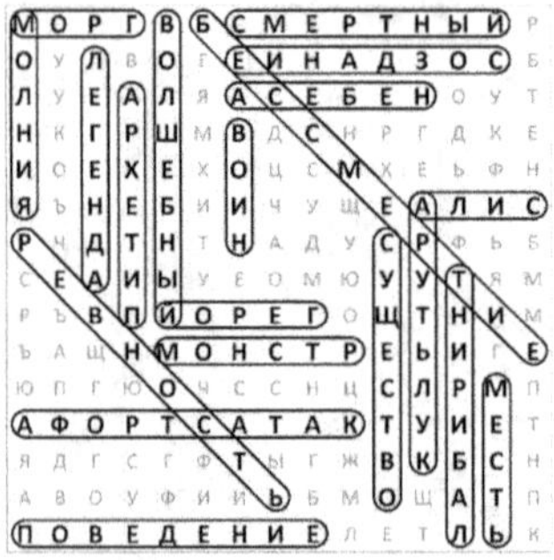

21 - Kraft und Schwerkraft

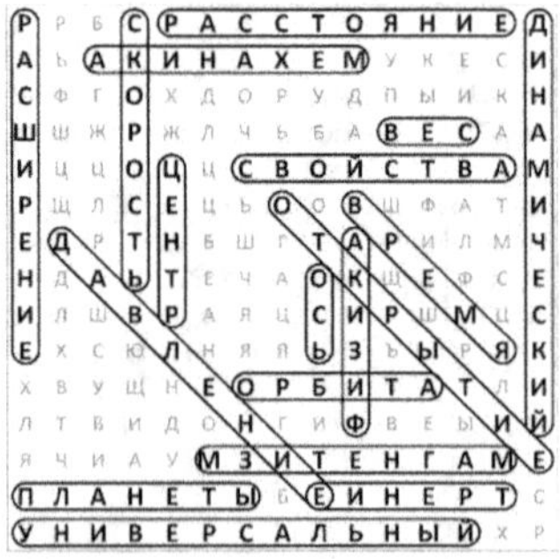

22 - Restaurant #2

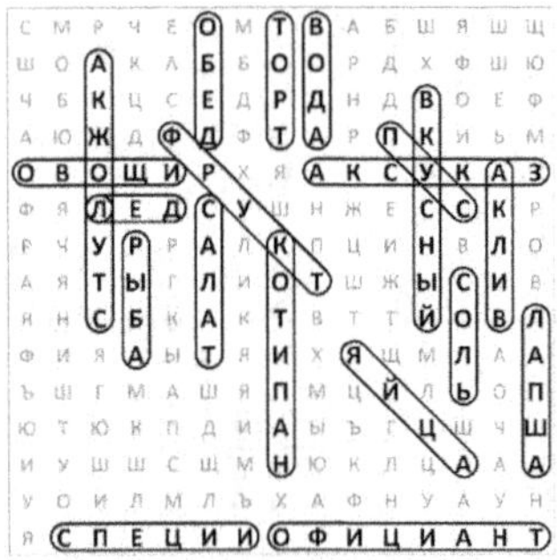

23 - Schokolade

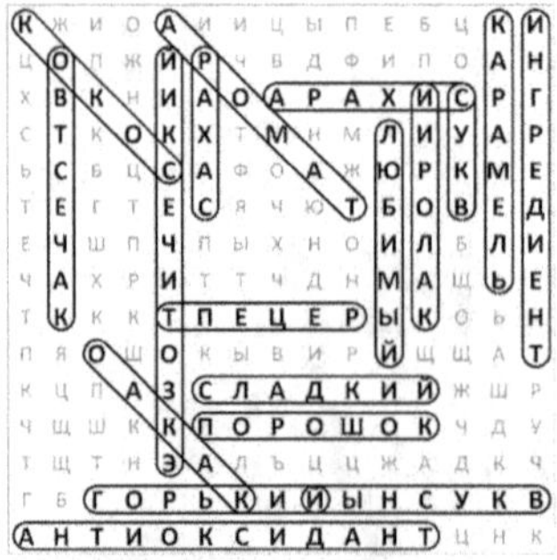

24 - Boote

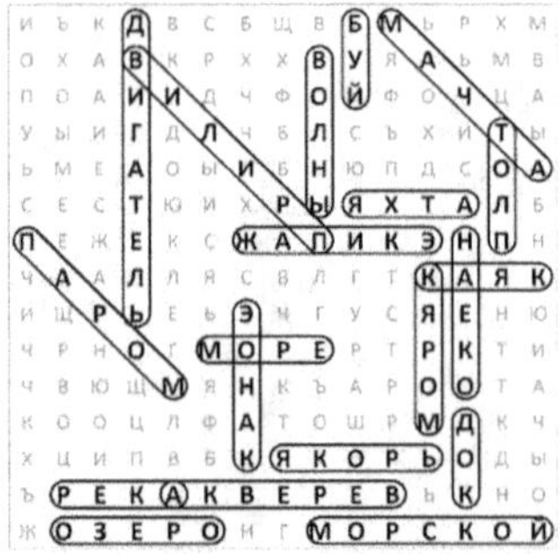

25 - Stadt

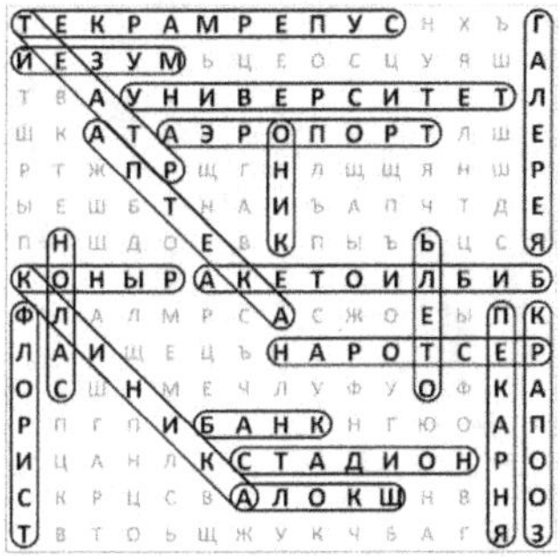

26 - Aktivitäten

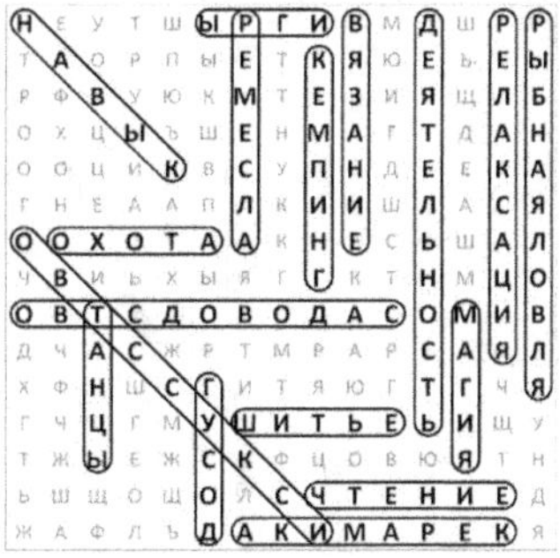

27 - Bienen

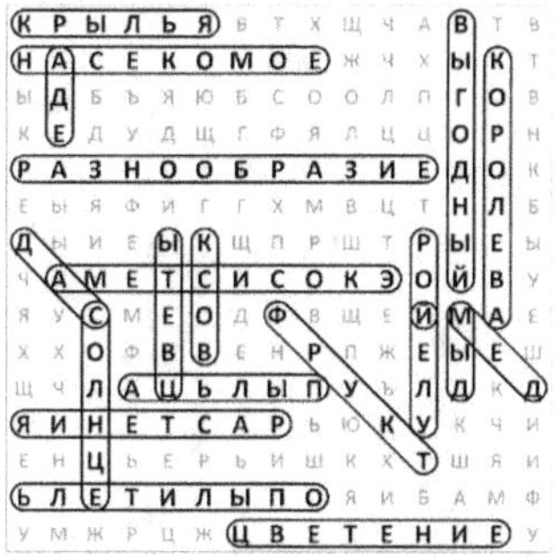

28 - Wissenschaftliche

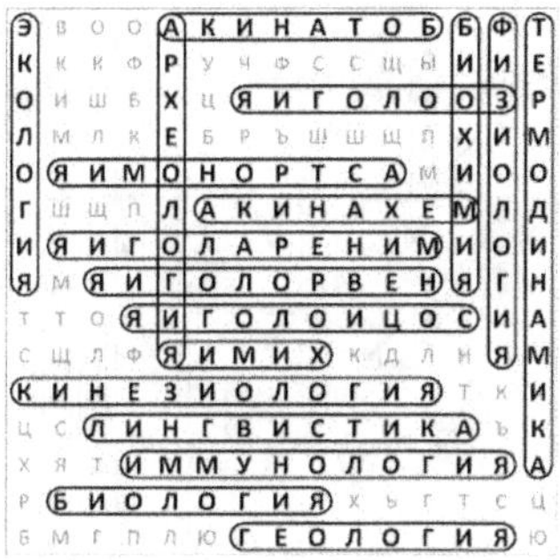

29 - Vögel

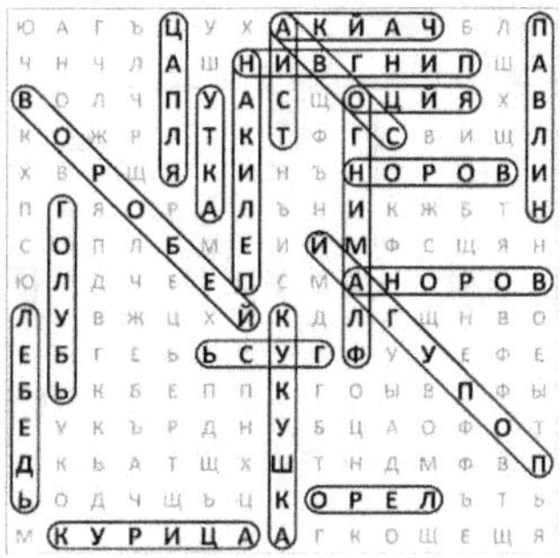

30 - Biologie

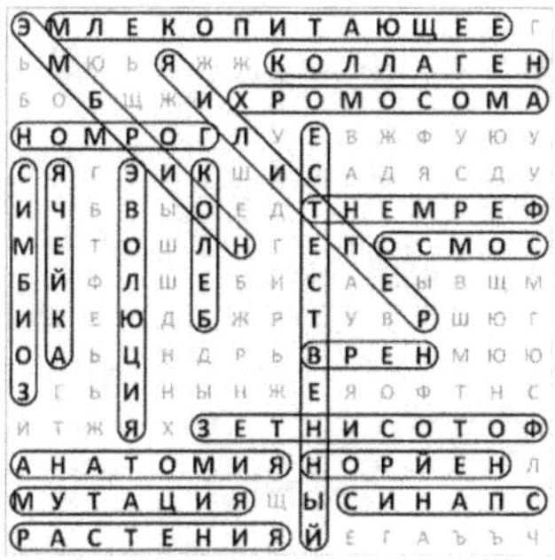

31 - Elektrizität

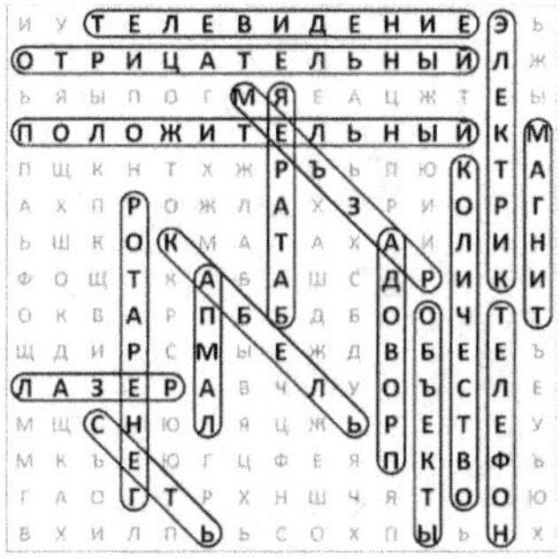

32 - Garten

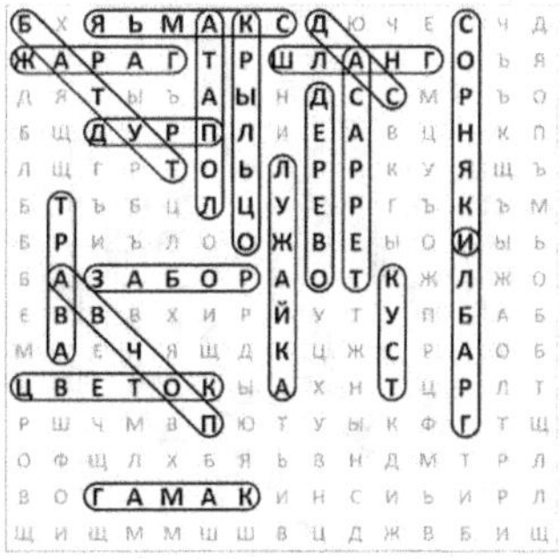

33 - Antarktis

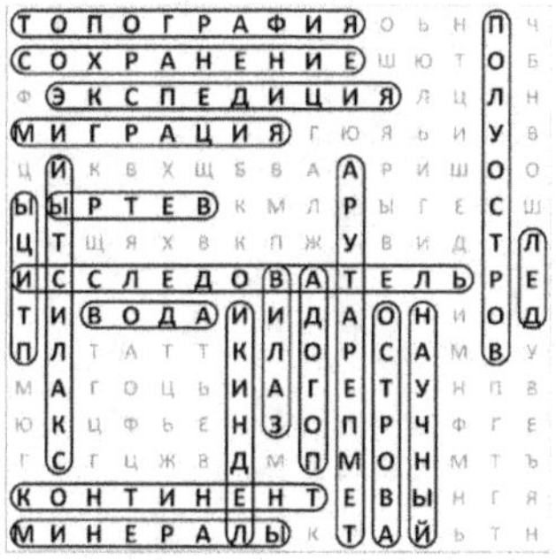

34 - Fahren

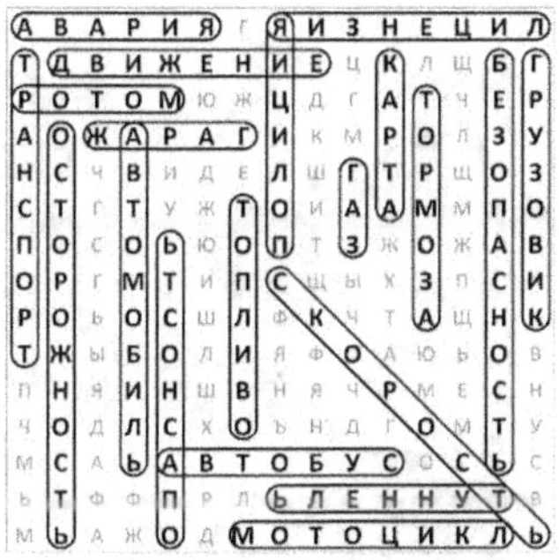

35 - Physik

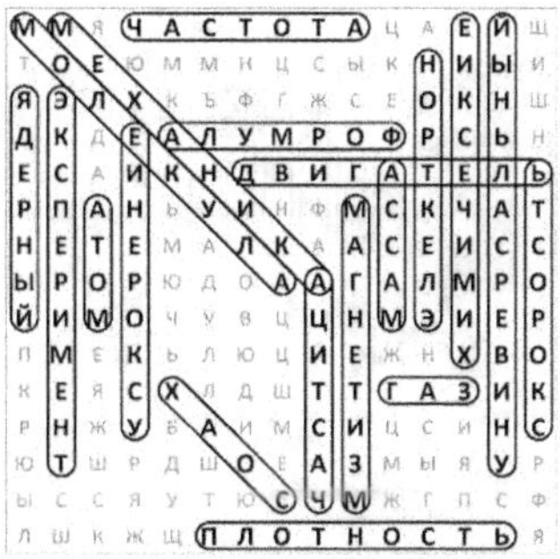

36 - Bücher

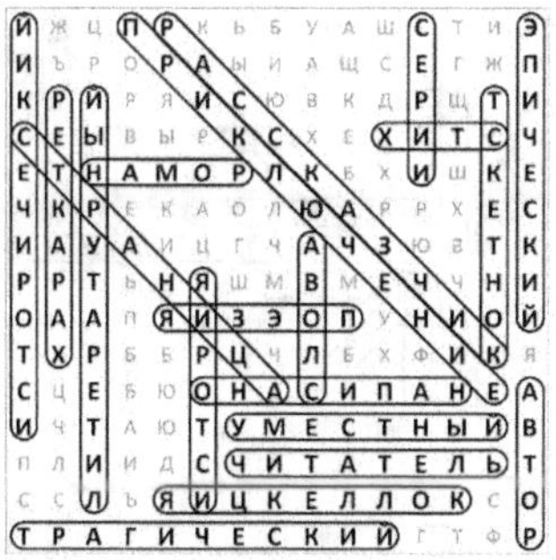

37 - Menschlicher Körper

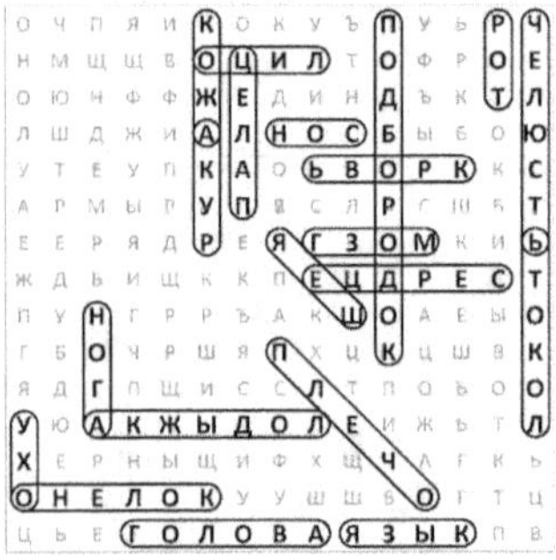

38 - Agronomie

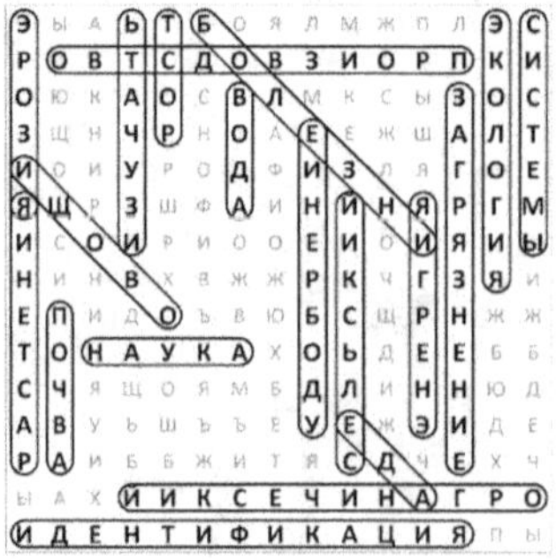

39 - Landschaften

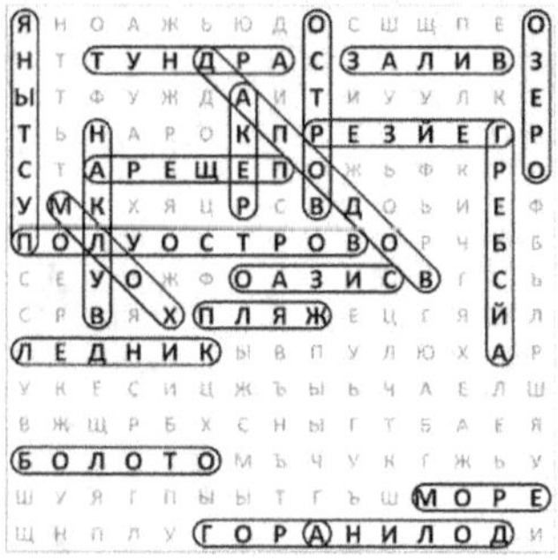

40 - Abenteuer

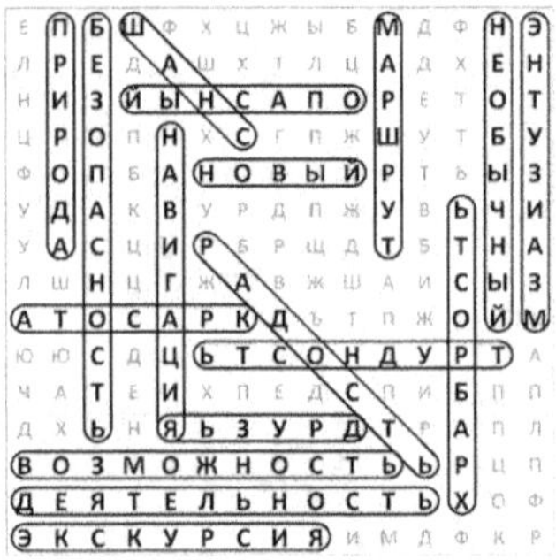

41 - Flugzeuge

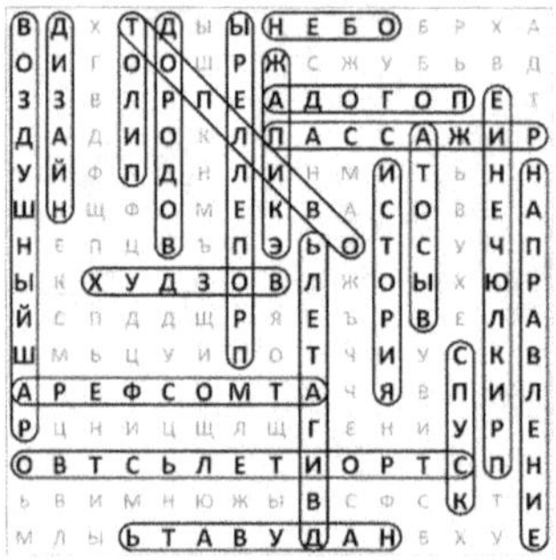

42 - Haartypen

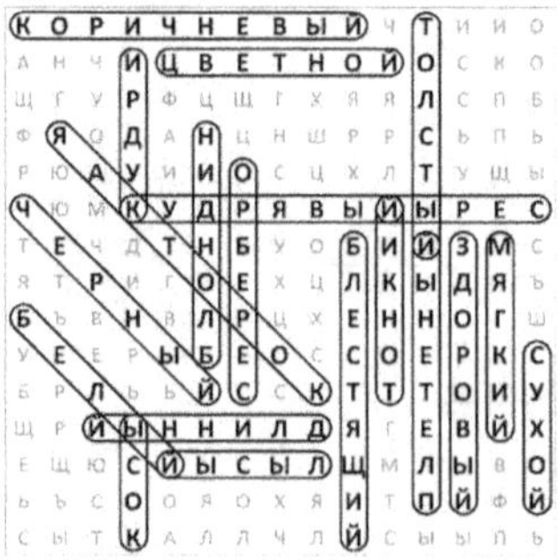

43 - Essen #1

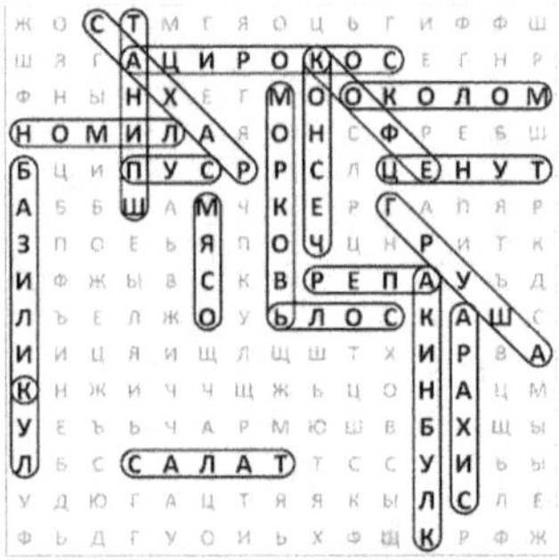

44 - Gebäude

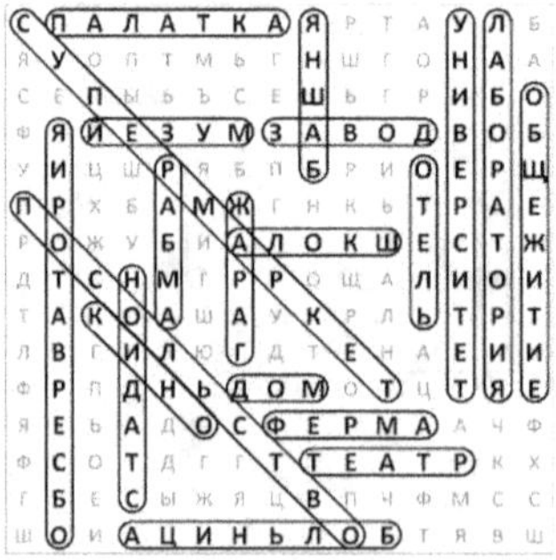

45 - Mode

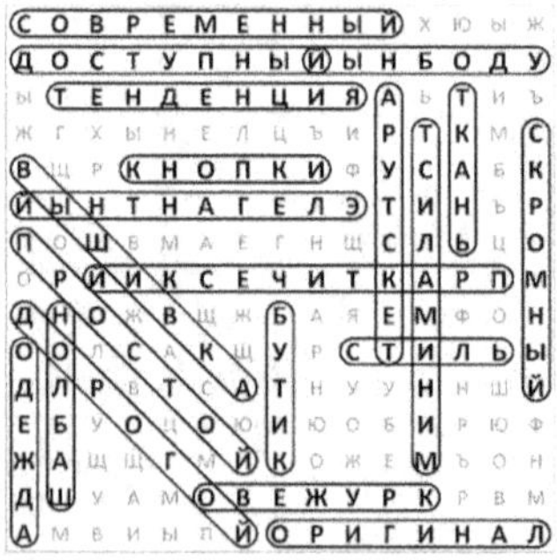

46 - Angeln

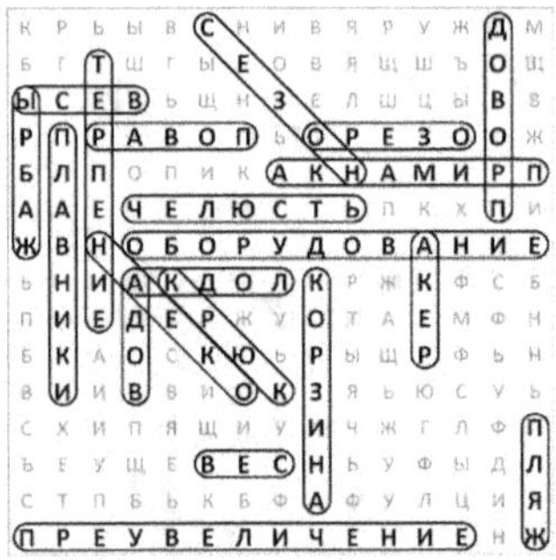

47 - Essen #2

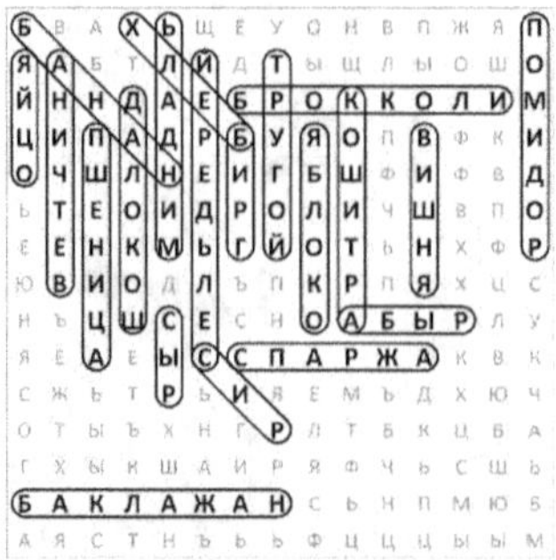

48 - Energie

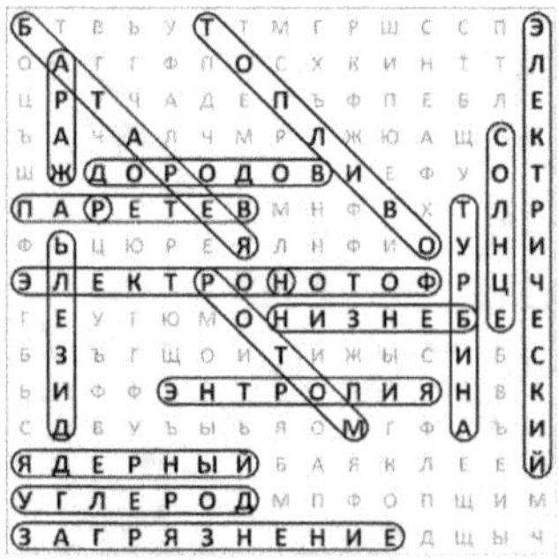

49 - Familie

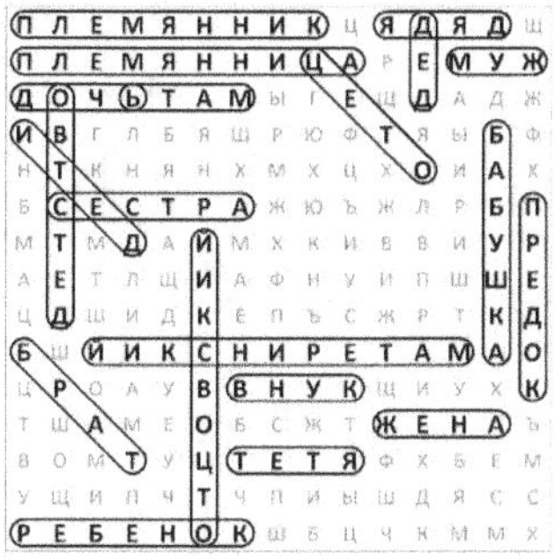

50 - Pflanzen

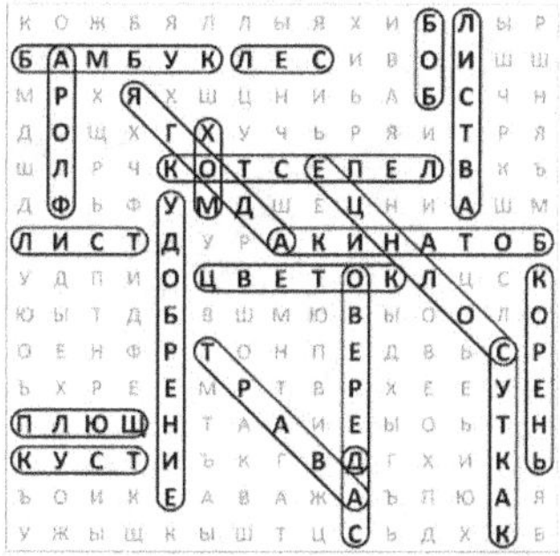

51 - Gewürze

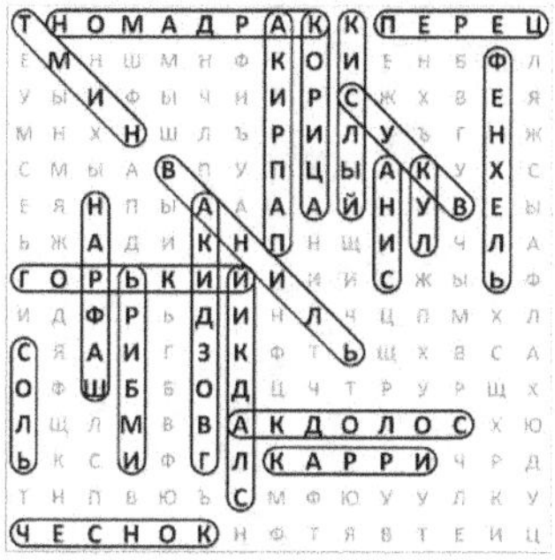

52 - Geschäft

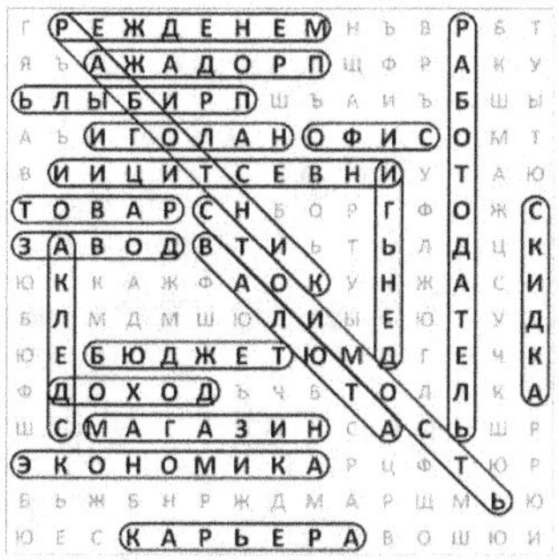

53 - Ingenieurwesen

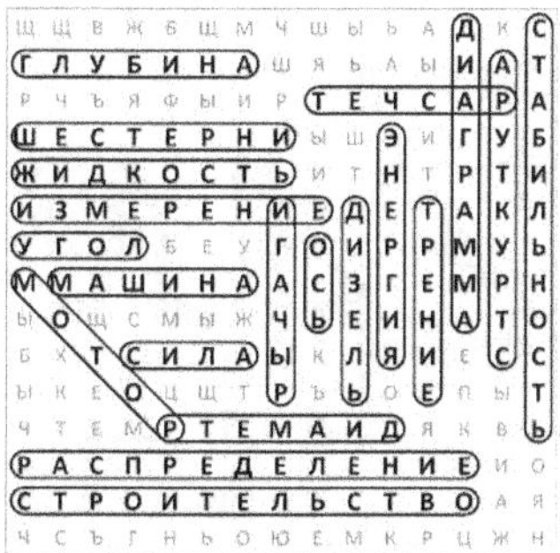

54 - Kaffee

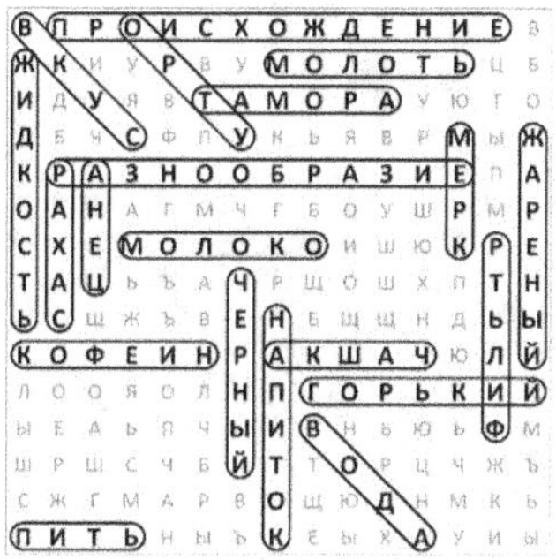

55 - Gemüse

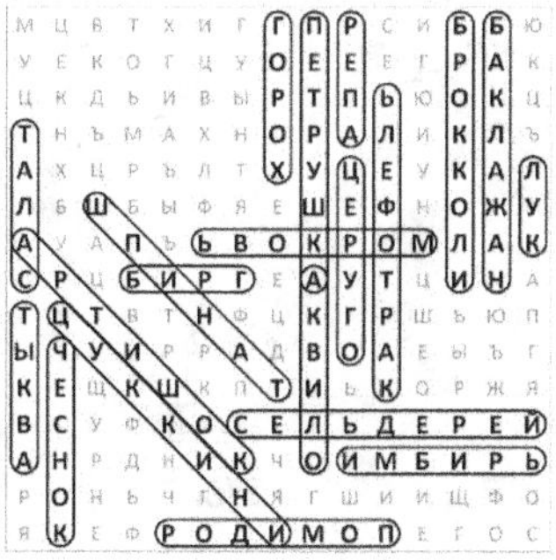

56 - Schönheit

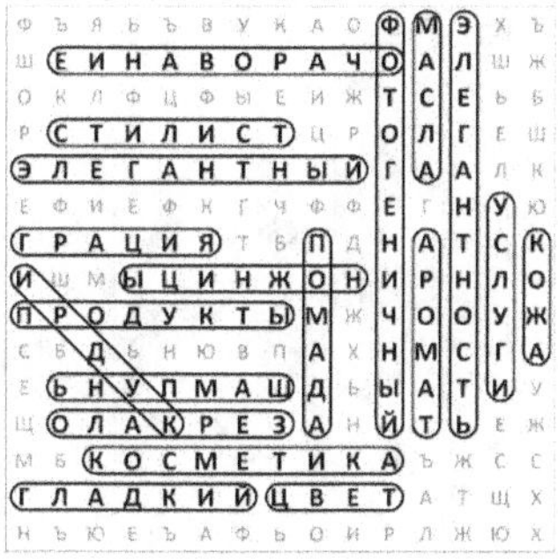

57 - Tanzen

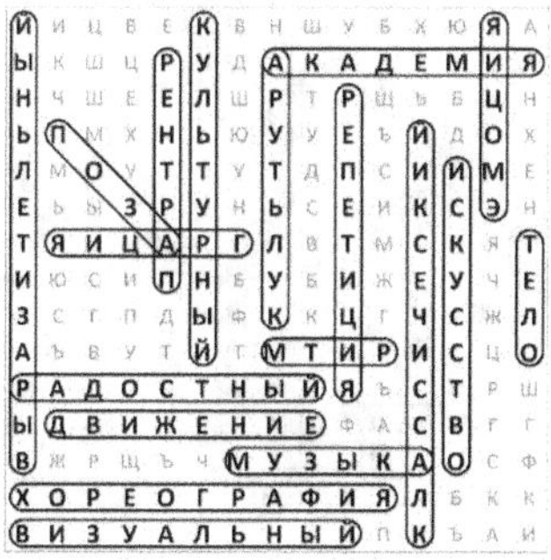

58 - Ernährung

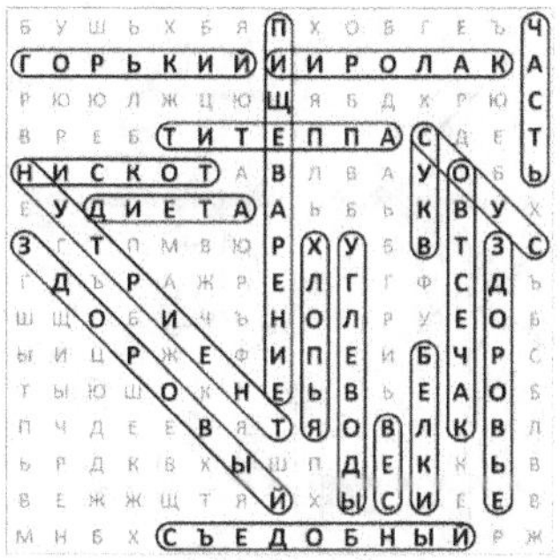

59 - Länder #1

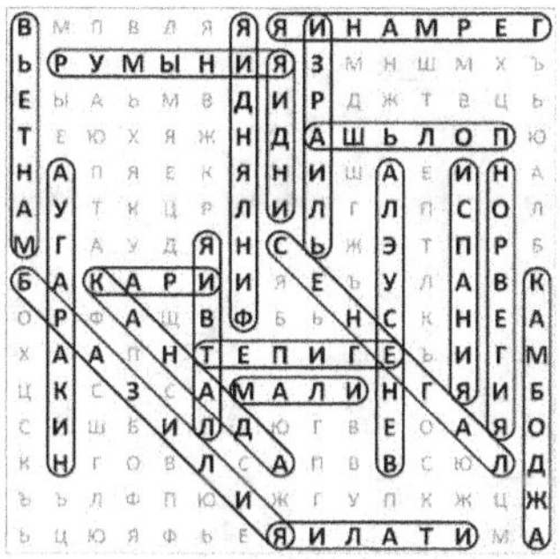

60 - Wasser

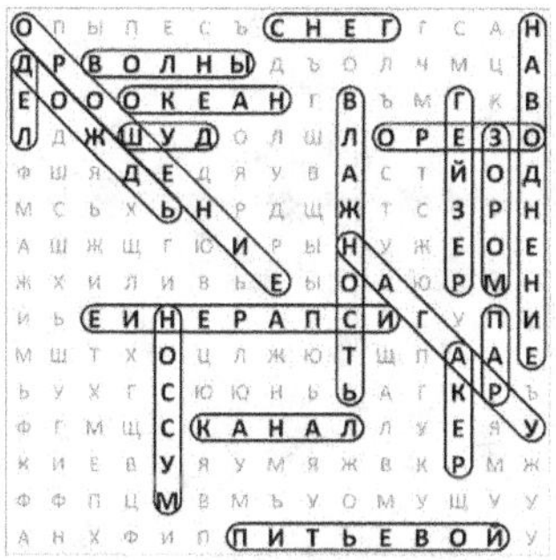

61 - Science Fiction

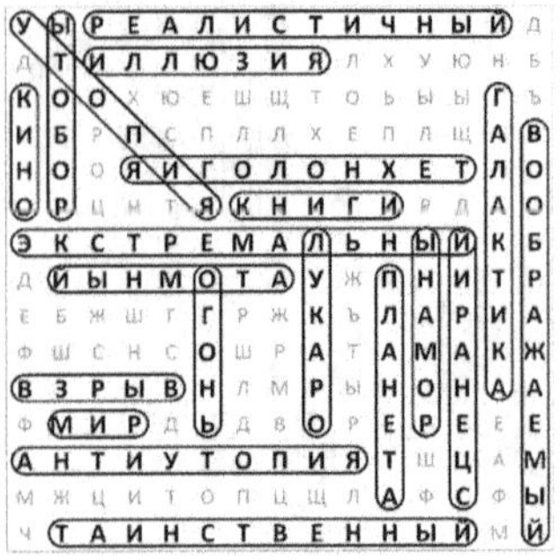

62 - Literatur

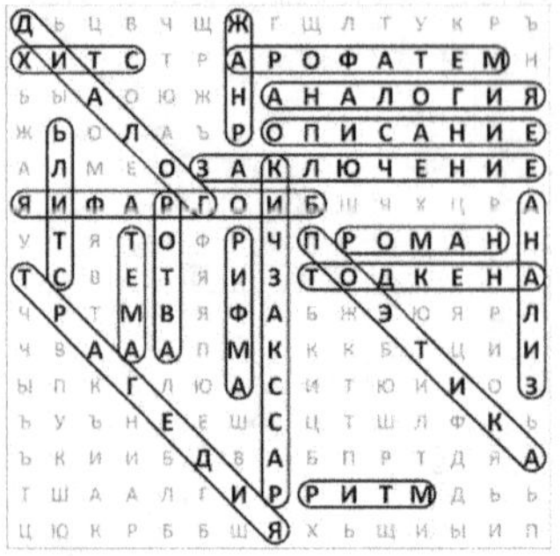

63 - Wandern

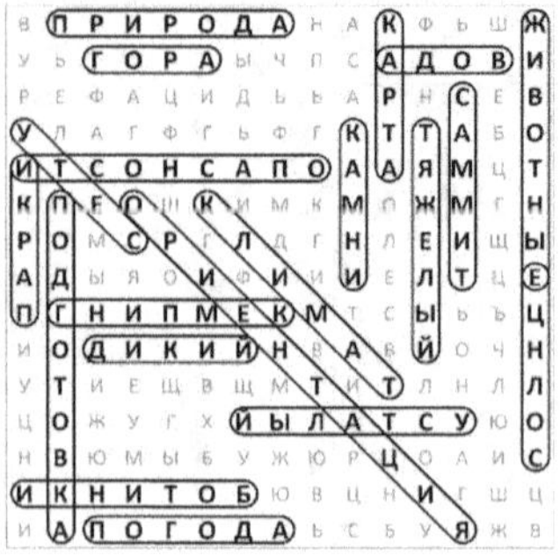

64 - Länder #2

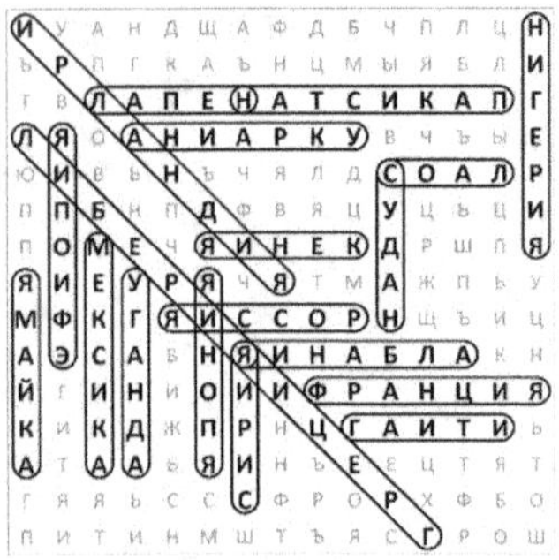

65 - Fahrzeuge

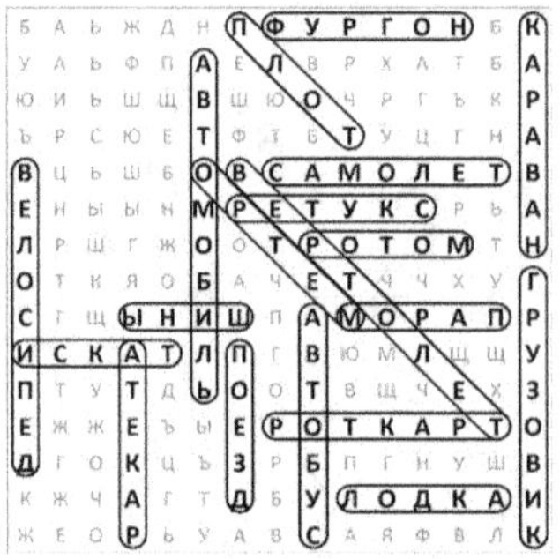

66 - Musikinstrumente

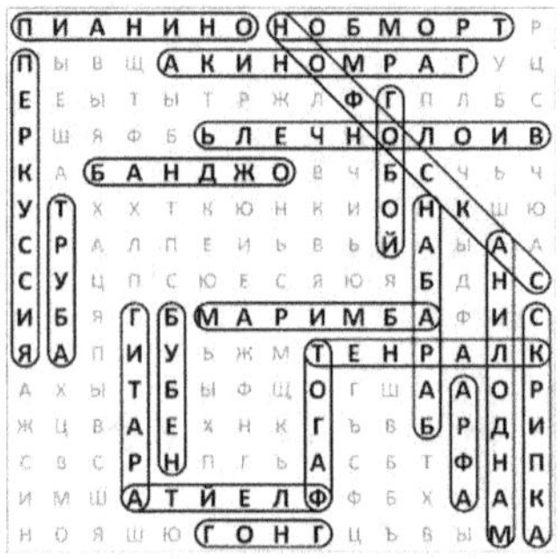

67 - Blumen

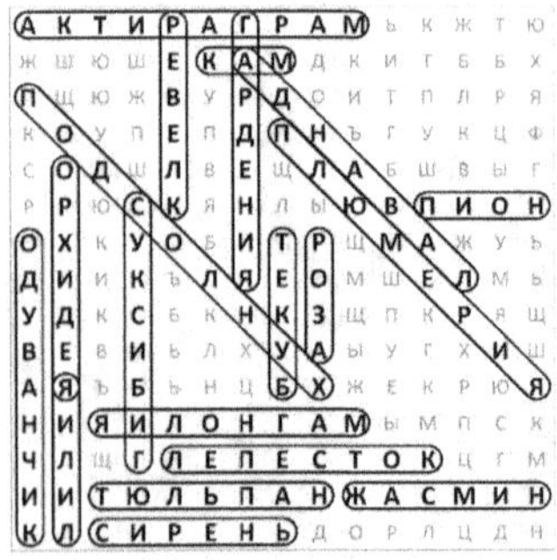

68 - Natur

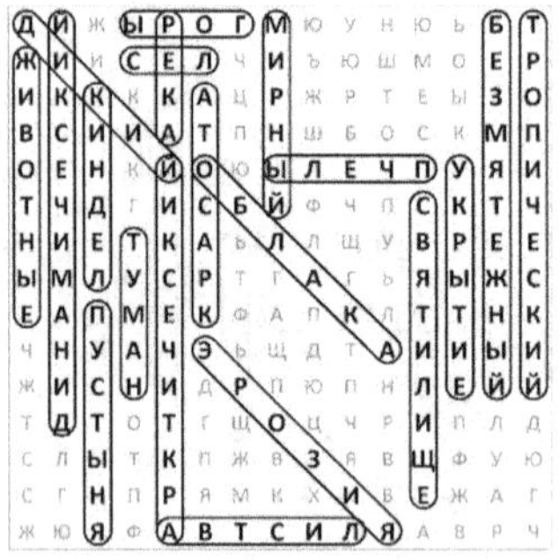

69 - Urlaub #2

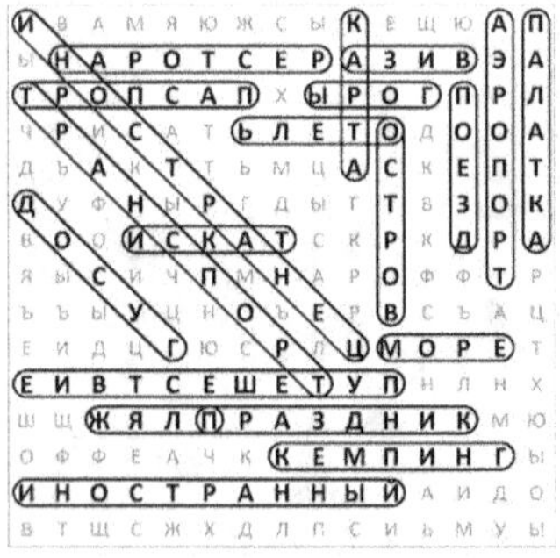

70 - Barbecues

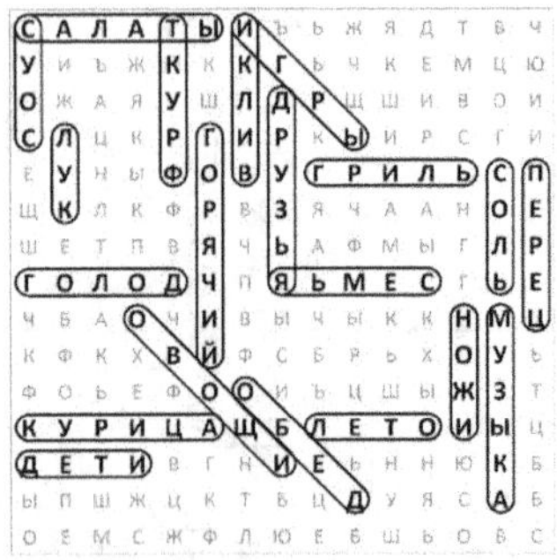

71 - Schach

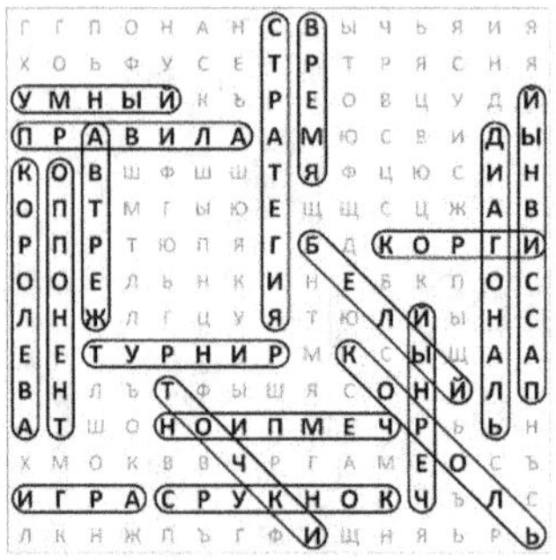

72 - Geographie

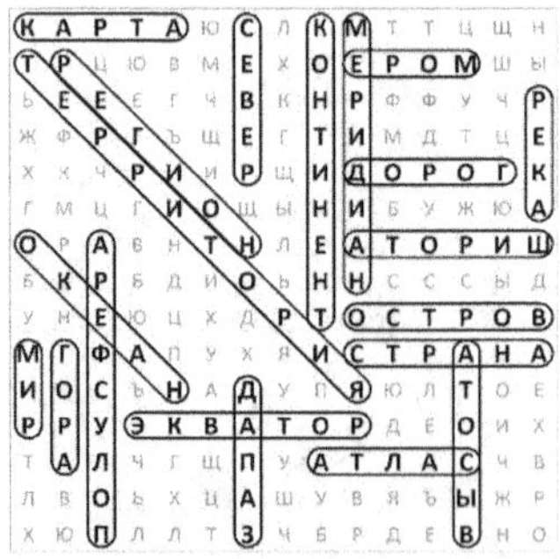

73 - Zahlen

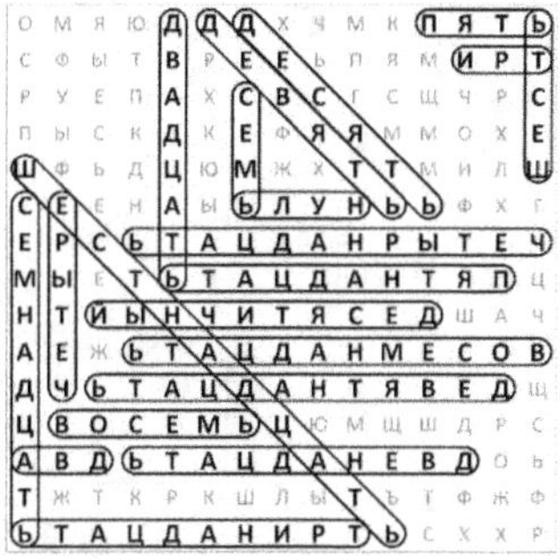

74 - Kunst Liefert

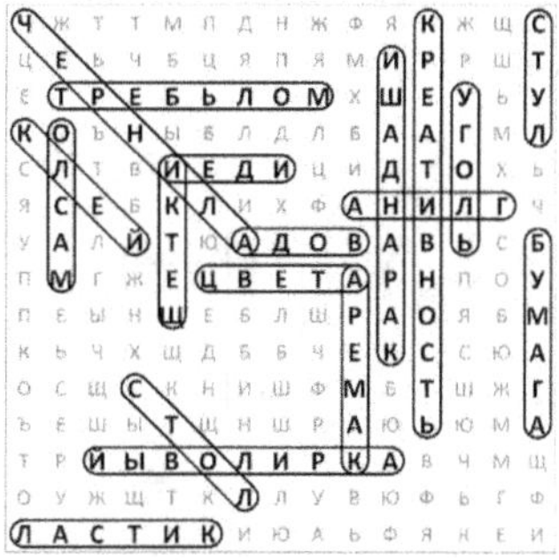

75 - Tage und Monate

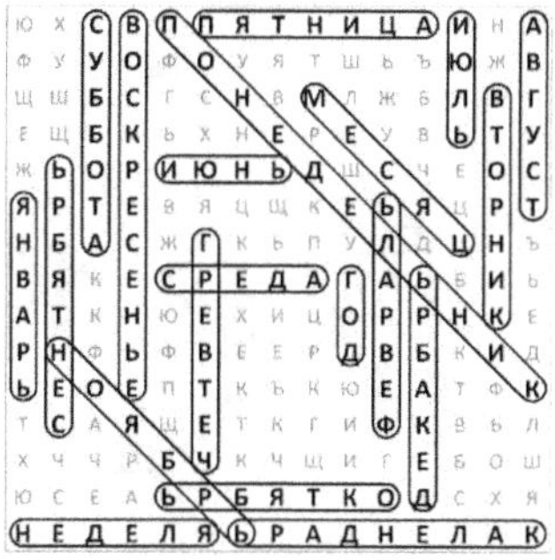

76 - Emotionen

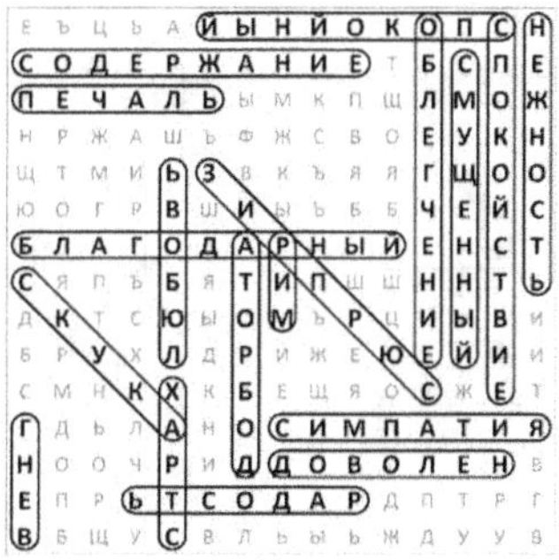

77 - Kräuterkunde

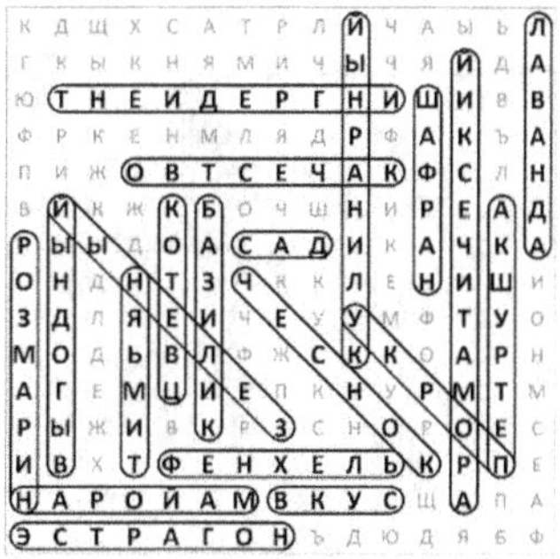

78 - Aktivitäten und Freizeit

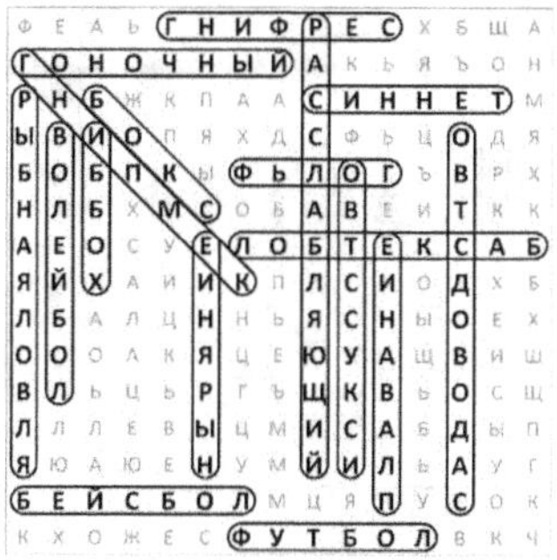

79 - Formen

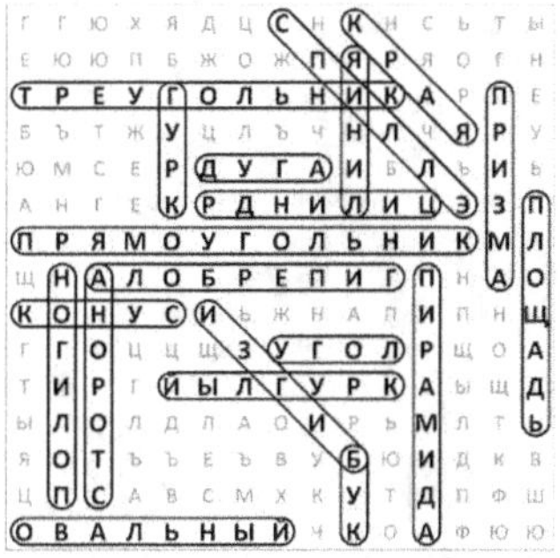

80 - Musik

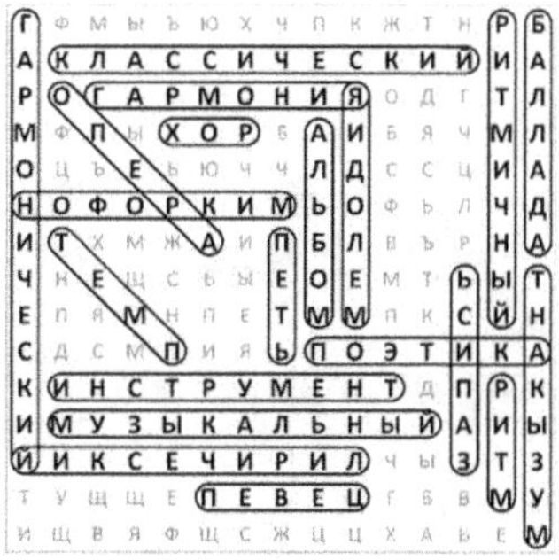

81 - Antiquitäten

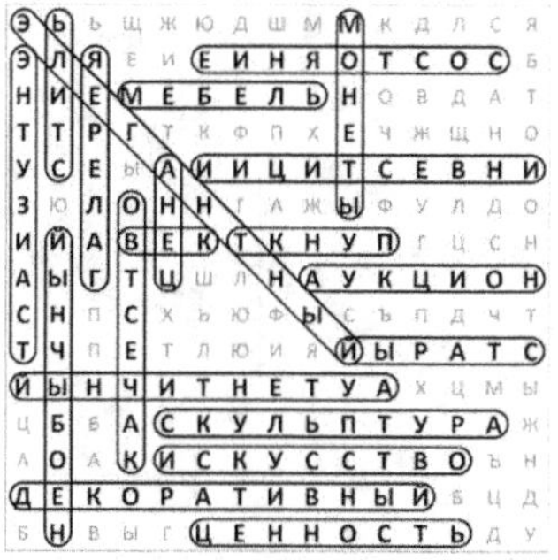

82 - Adjektive #2

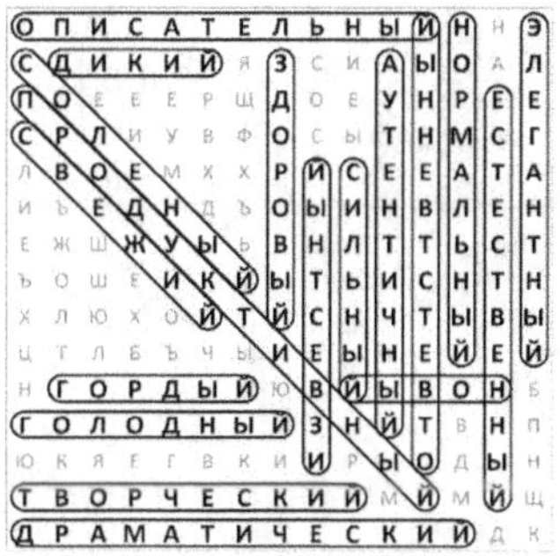

83 - Kleidung

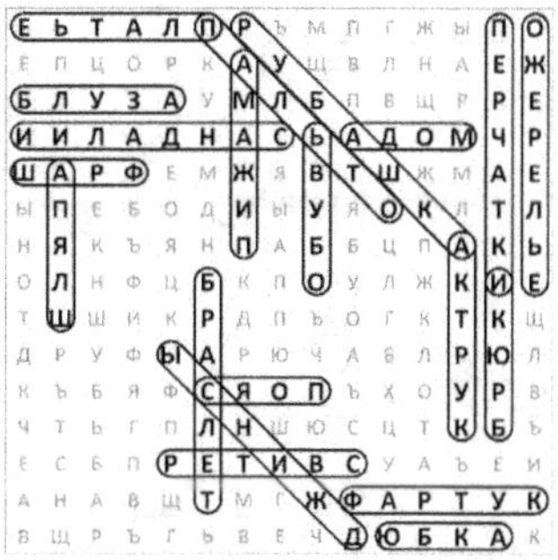

84 - Farben

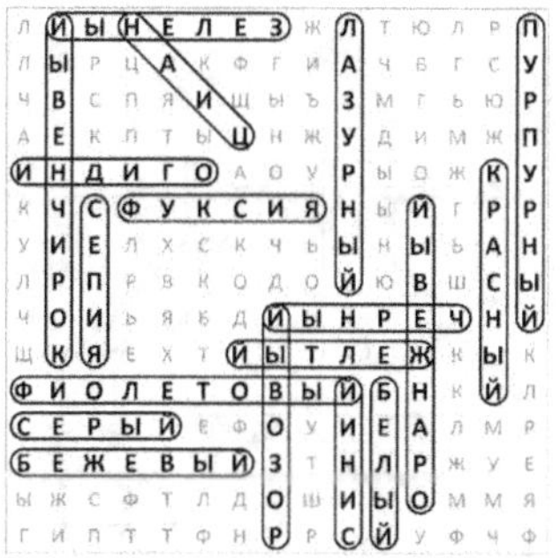

85 - Haus

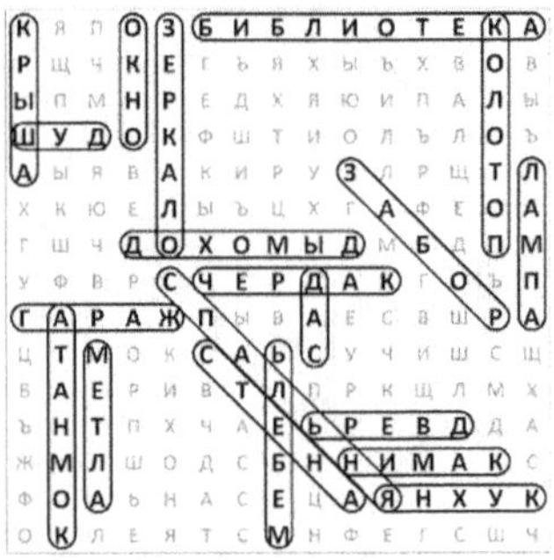

86 - Bauernhof #1

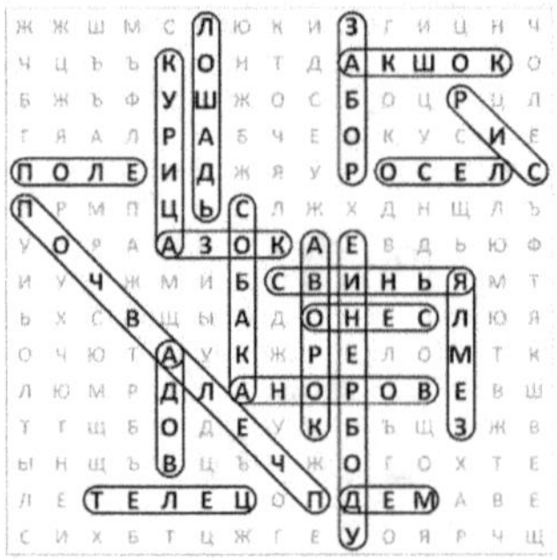

87 - Regierung

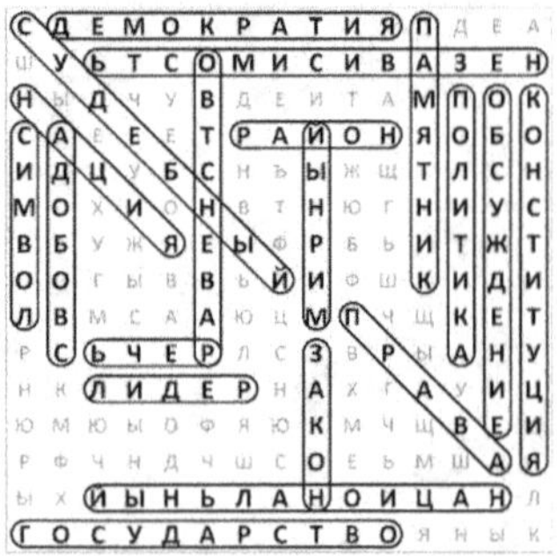

88 - Berufe #1

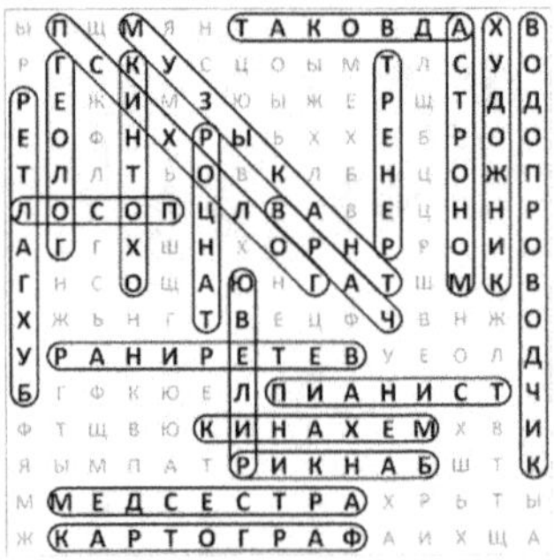

89 - Adjektive #1

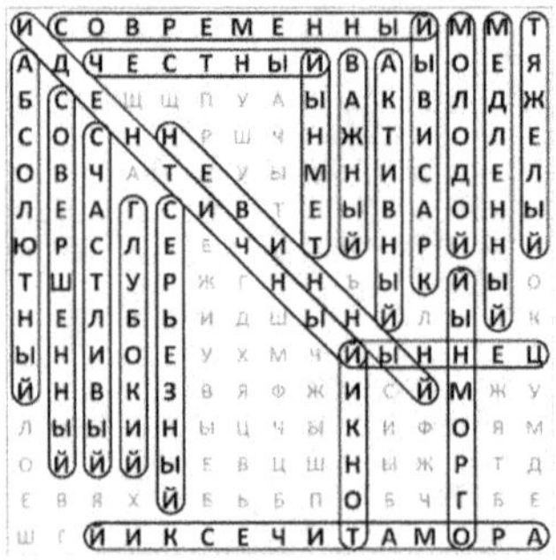

90 - Geometrie

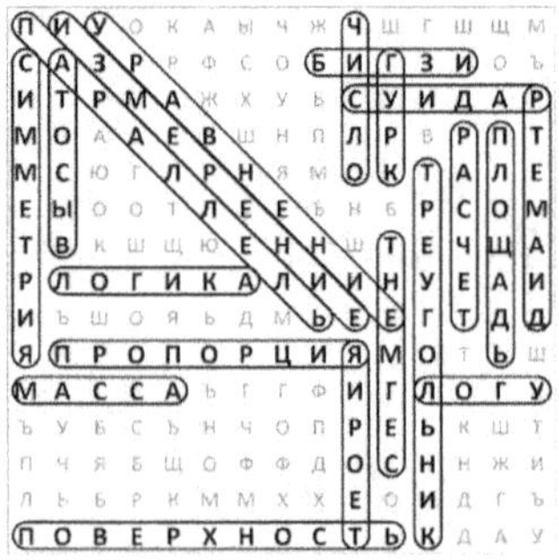

91 - Jazz

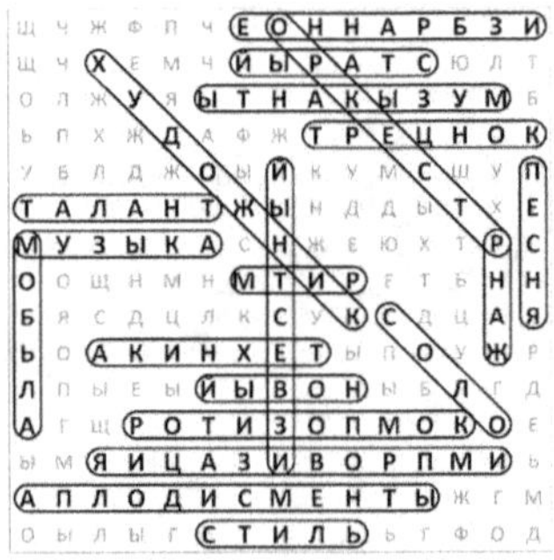

92 - Mathematik

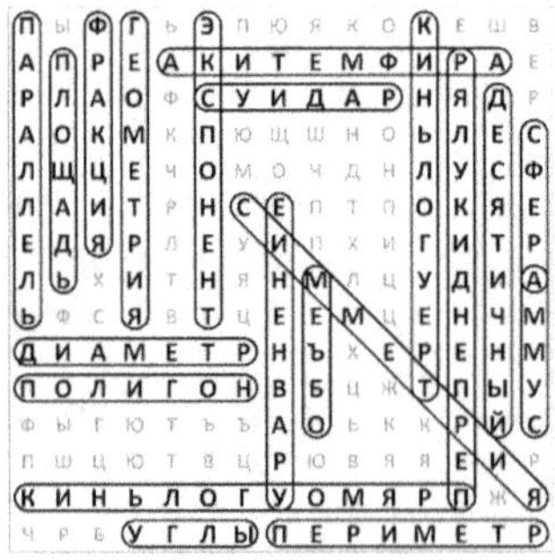

93 - Messungen

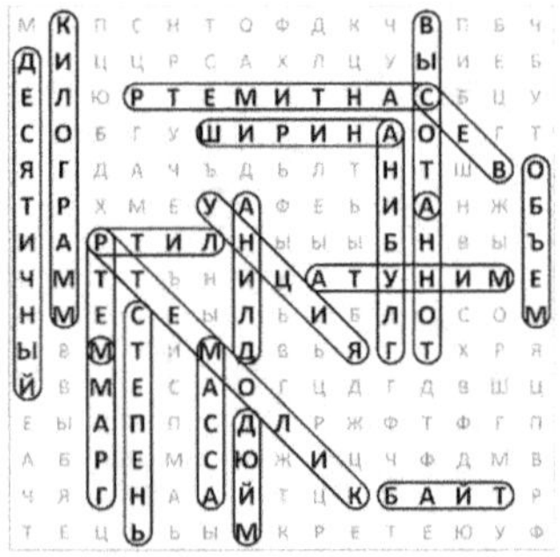

94 - Boxen

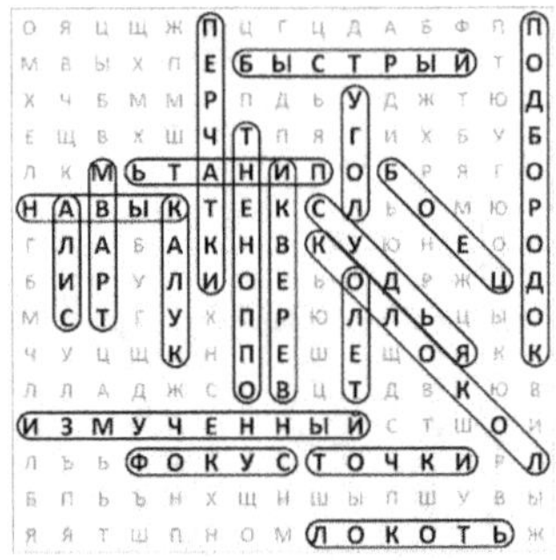

95 - Psychologie

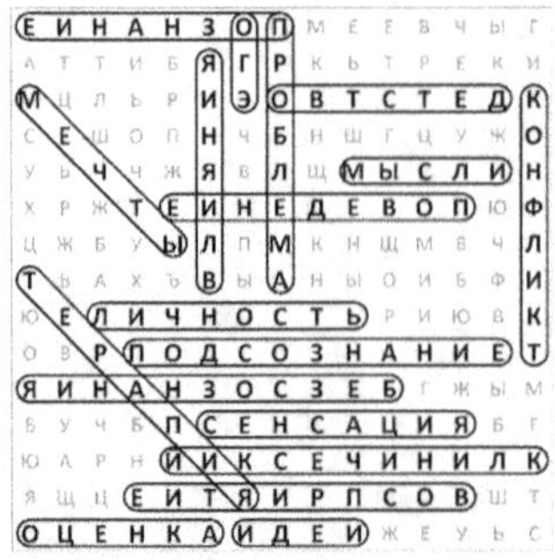

96 - Bauernhof #2

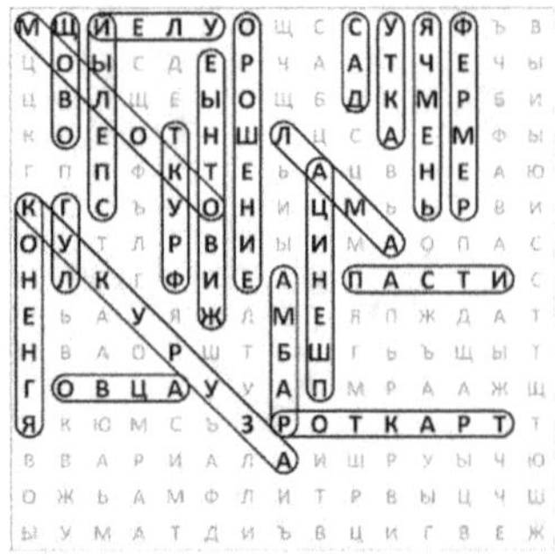

97 - Gartenarbeit

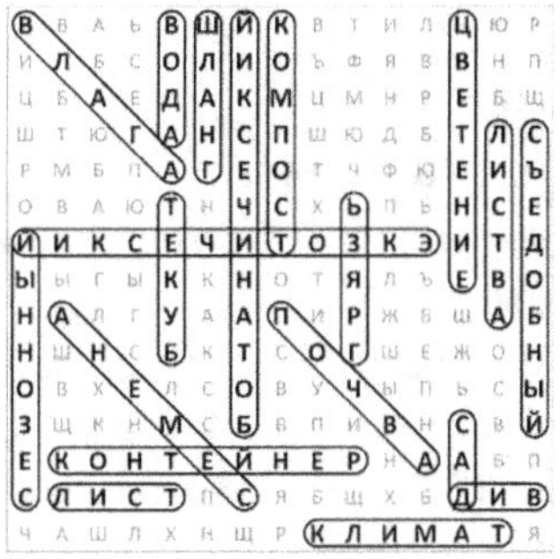

98 - Berufe #2

99 - Wetter

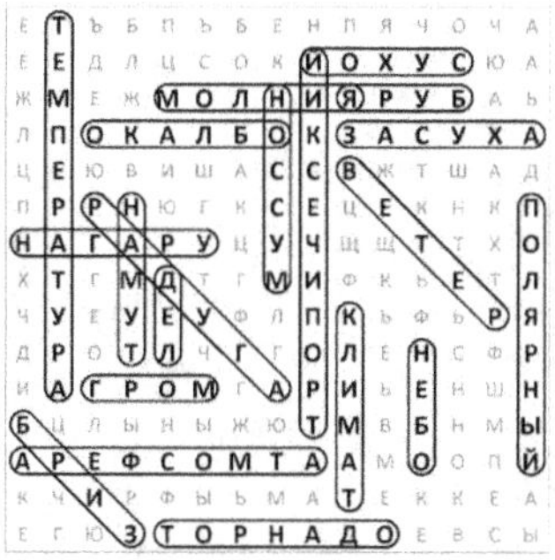

100 - Chemie

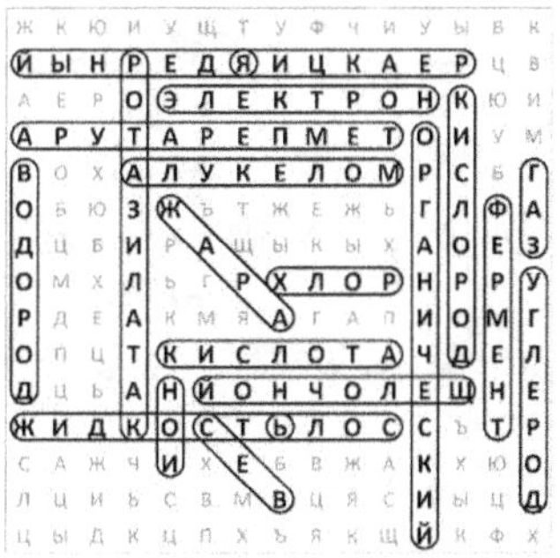

Wörterbuch

Abenteuer
Приключение

Aktivität	Деятельность
Ausflug	Экскурсия
Begeisterung	Энтузиазм
Chance	Шанс
Freude	Радость
Freunde	Друзья
Gefährlich	Опасный
Gelegenheit	Возможность
Natur	Природа
Navigation	Навигация
Neu	Новый
Route	Маршрут
Schönheit	Красота
Schwierigkeit	Трудность
Sicherheit	Безопасность
Tapferkeit	Храбрость
Ungewöhnlich	Необычный
Vorbereitung	Подготовка

Adjektive #1
Прилагательные #1

Absolut	Абсолютный
Aktiv	Активный
Aromatisch	Ароматический
Dunkel	Темный
Dünn	Тонкий
Ehrlich	Честный
Ernst	Серьезный
Glücklich	Счастливый
Identisch	Идентичный
Jung	Молодой
Langsam	Медленный
Modern	Современный
Perfekt	Совершенный
Riesig	Огромный
Schön	Красивый
Schwer	Тяжелый
Tief	Глубокий
Unschuldig	Невинный
Wertvoll	Ценный
Wichtig	Важный

Adjektive #2
Прилагательные #2

Authentisch	Аутентичный
Berühmt	Известный
Beschreibend	Описательный
Dramatisch	Драматический
Elegant	Элегантный
Essbar	Съедобный
Frisch	Свежий
Gesund	Здоровый
Hungrig	Голодный
Interessant	Интересный
Kreativ	Творческий
Natürlich	Естественный
Neu	Новый
Normal	Нормальный
Produktiv	Продуктивный
Salzig	Соленый
Stark	Сильный
Stolz	Гордый
Verantwortlich	Ответственный
Wild	Дикий

Agronomie
Агрономия

Boden	Почва
Dünger	Удобрение
Energie	Энергия
Erosion	Эрозия
Essen	Еда
Forschung	Исследование
Gemüse	Овощи
Identifizierung	Идентификация
Krankheit	Болезни
Ländlich	Сельский
Organisch	Органический
Ökologie	Экология
Pflanzen	Растения
Produktion	Производство
Studie	Изучать
Systeme	Системы
Verschmutzung	Загрязнение
Wachstum	Рост
Wasser	Вода
Wissenschaft	Наука

Aktivitäten
Виды Деятельности

Aktivität	Деятельность
Angeln	Рыбная Ловля
Camping	Кемпинг
Entspannung	Релаксация
Fähigkeit	Навык
Fotografie	Фотография
Freizeit	Досуг
Gartenarbeit	Садоводство
Jagd	Охота
Keramik	Керамика
Kunst	Искусство
Kunsthandwerk	Ремесла
Lesen	Чтение
Magie	Магия
Nähen	Шитье
Spiele	Игры
Stricken	Вязание
Tanzen	Танцы
Vergnügen	Удовольствие
Wandern	Пеший Туризм

Aktivitäten und Freizeit
Развлечения и Досуг

Angeln	Рыбная Ловля
Baseball	Бейсбол
Basketball	Баскетбол
Boxen	Бокс
Camping	Кемпинг
Entspannend	Расслабляющий
Fussball	Футбол
Gartenarbeit	Садоводство
Golf	Гольф
Hobbies	Хобби
Kunst	Искусство
Rennen	Гоночный
Schwimmen	Плавание
Surfen	Серфинг
Tauchen	Ныряние
Tennis	Теннис
Volleyball	Волейбол
Wandern	Пеший Туризм

Algebra
Алгебра

Bruchteil	Фракция
Diagramm	Диаграмма
Exponent	Экспонент
Faktor	Фактор
Falsch	Ложный
Formel	Формула
Gleichung	Уравнение
Linear	Линейный
Lösen	Решать
Lösung	Решение
Matrix	Матрица
Menge	Количество
Null	Нуль
Nummer	Число
Problem	Проблема
Subtraktion	Вычитание
Summe	Сумма
Unendlich	Бесконечный
Variable	Переменная
Vereinfachen	Упрощать

Angeln
Рыбалка

Ausrüstung	Оборудование
Boot	Лодка
Draht	Провод
Flossen	Плавники
Fluss	Река
Geduld	Терпение
Gewicht	Вес
Haken	Крюк
Jahreszeit	Сезон
Kiefer	Челюсть
Kiemen	Жабры
Kochen	Повар
Korb	Корзина
Köder	Приманка
Ozean	Океан
See	Озеро
Strand	Пляж
Übertreibung	Преувеличение
Waage	Весы
Wasser	Вода

Antarktis
Антарктида

Bucht	Залив
Eis	Лед
Erhaltung	Сохранение
Expedition	Экспедиция
Felsig	Скалистый
Forscher	Исследователь
Geographie	География
Gletscher	Ледники
Halbinsel	Полуостров
Inseln	Острова
Kontinent	Континент
Migration	Миграция
Mineralien	Минералы
Temperatur	Температура
Topographie	Топография
Vögel	Птицы
Wasser	Вода
Wetter	Погода
Wind	Ветры
Wissenschaftlich	Научный

Antiquitäten
Антиквариат

Alt	Старый
Artikel	Пункт
Authentisch	Аутентичный
Dekorativ	Декоративный
Elegant	Элегантный
Enthusiast	Энтузиаст
Galerie	Галерея
Investition	Инвестиции
Jahrhundert	Век
Kunst	Искусство
Möbel	Мебель
Münzen	Монеты
Preis	Цена
Qualität	Качество
Skulptur	Скульптура
Stil	Стиль
Ungewöhnlich	Необычный
Versteigerung	Аукцион
Wert	Ценность
Zustand	Состояние

Archäologie
Археология

Analyse	Анализ
Antiquität	Древность
Auswertung	Оценка
Ära	Эра
Experte	Эксперт
Forscher	Исследователь
Fossil	Ископаемое
Geheimnis	Тайна
Grab	Могила
Knochen	Кости
Mannschaft	Команда
Nachkomme	Потомок
Objekte	Объекты
Professor	Профессор
Relikt	Реликвия
Tempel	Храм
Unbekannt	Неизвестный
Uralt	Древний
Vergessen	Забытый
Zivilisation	Цивилизация

Astronomie
Астрономия

Asteroid	Астероид
Astronaut	Астронавт
Astronom	Астроном
Erde	Земля
Himmel	Небо
Komet	Комета
Konstellation	Созвездие
Kosmos	Космос
Meteor	Метеор
Mond	Луна
Nebel	Туманность
Observatorium	Обсерватория
Planet	Планета
Rakete	Ракета
Satellit	Спутник
Stern	Звезда
Supernova	Сверхновая
Teleskop	Телескоп
Tierkreis	Зодиак
Universum	Вселенная

Ballett
Балет

Applaus	Аплодисменты
Ausdrucksvoll	Выразительный
Ballerina	Балерина
Choreographie	Хореография
Fähigkeit	Навык
Geste	Жест
Intensität	Интенсивность
Komponist	Композитор
Musik	Музыка
Muskel	Мышцы
Orchester	Оркестр
Praxis	Практика
Probe	Репетиция
Publikum	Аудитория
Rhythmus	Ритм
Solo	Соло
Stil	Стиль
Tänzer	Танцоры
Technik	Техника

Barbecues
Барбекю

Abendessen	Обед
Familie	Семья
Freunde	Друзья
Frucht	Фрукт
Gabeln	Вилки
Gemüse	Овощи
Grill	Гриль
Heiss	Горячий
Huhn	Курица
Hunger	Голод
Kinder	Дети
Messer	Ножи
Musik	Музыка
Pfeffer	Перец
Salate	Салаты
Salz	Соль
Sommer	Лето
Sosse	Соус
Spiele	Игры
Zwiebeln	Лук

Bauernhof #1
Ферма #1

Biene	Пчела
Boden	Почва
Dünger	Удобрение
Esel	Осел
Feld	Поле
Heu	Сено
Honig	Мед
Huhn	Курица
Hund	Собака
Kalb	Телец
Katze	Кошка
Krähe	Ворона
Kuh	Корова
Land	Земля
Pferd	Лошадь
Reis	Рис
Schwein	Свинья
Wasser	Вода
Zaun	Забор
Ziege	Коза

Bauernhof #2
Ферма #2

Bauer	Фермер
Bewässerung	Орошение
Bienenstock	Улей
Ente	Утка
Frucht	Фрукт
Gemüse	Овощ
Gerste	Ячмень
Lama	Лама
Lamm	Ягненок
Mais	Кукуруза
Milch	Молоко
Obstgarten	Сад
Reif	Спелый
Schaf	Овца
Schäfer	Пасти
Scheune	Амбар
Tiere	Животные
Traktor	Трактор
Weizen	Пшеница
Wiese	Луг

Berufe #1
Профессии #1

Arzt	Врач
Astronom	Астроном
Bankier	Банкир
Botschafter	Посол
Buchhalter	Бухгалтер
Geologe	Геолог
Jäger	Охотник
Juwelier	Ювелир
Kartograph	Картограф
Klempner	Водопроводчик
Krankenschwester	Медсестра
Künstler	Художник
Mechaniker	Механик
Musiker	Музыкант
Pianist	Пианист
Psychologe	Психолог
Rechtsanwalt	Адвокат
Tänzer	Танцор
Tierarzt	Ветеринар
Trainer	Тренер

Berufe #2
Профессии #2

Arzt	Врач
Astronaut	Астронавт
Bibliothekar	Библиотекарь
Biologe	Биолог
Chirurg	Хирург
Detektiv	Детектив
Erfinder	Изобретатель
Forscher	Исследователь
Fotograf	Фотограф
Gärtner	Садовник
Illustrator	Иллюстратор
Ingenieur	Инженер
Journalist	Журналист
Lehrer	Учитель
Linguist	Лингвист
Maler	Художник
Philosoph	Философ
Pilot	Пилот
Zahnarzt	Стоматолог
Zoologe	Зоолог

Bienen
Пчелы

Bestäuber	Опылитель
Bienenkorb	Улей
Blumen	Цветы
Blüte	Цветение
Essen	Еда
Flügel	Крылья
Frucht	Фрукт
Garten	Сад
Honig	Мед
Insekt	Насекомое
Königin	Королева
Ökosystem	Экосистема
Pflanzen	Растения
Pollen	Пыльца
Rauch	Дым
Schwarm	Рой
Sonne	Солнце
Vielfalt	Разнообразие
Vorteilhaft	Выгодный
Wachs	Воск

Bildende Kunst
Изобразительное Искусство

Architektur	Архитектура
Bleistift	Карандаш
Film	Фильм
Foto	Фотография
Holzkohle	Уголь
Keramik	Керамика
Kreativität	Креативность
Kreide	Мел
Künstler	Художник
Lack	Лак
Meisterwerk	Шедевр
Perspektive	Перспектива
Porträt	Портрет
Schablone	Трафарет
Skulptur	Скульптура
Staffelei	Мольберт
Stift	Ручка
Ton	Глина
Wachs	Воск
Zusammensetzung	Состав

Biologie
Биология

Anatomie	Анатомия
Chromosom	Хромосома
Embryo	Эмбрион
Enzym	Фермент
Evolution	Эволюция
Hormon	Гормон
Kollagen	Коллаген
Mutation	Мутация
Natürlich	Естественный
Nerv	Нерв
Neuron	Нейрон
Osmose	Осмос
Pflanzen	Растения
Photosynthese	Фотосинтез
Protein	Белок
Reptil	Рептилия
Säugetier	Млекопитающее
Symbiose	Симбиоз
Synapse	Синапс
Zelle	Ячейка

Blumen
Цветы

Blütenblatt	Лепесток
Gardenie	Гардения
Gänseblümchen	Маргаритка
Hibiskus	Гибискус
Jasmin	Жасмин
Klee	Клевер
Lavendel	Лаванда
Lila	Сирень
Lilie	Лилия
Löwenzahn	Одуванчик
Magnolie	Магнолия
Mohn	Мак
Orchidee	Орхидея
Pfingstrose	Пион
Plumeria	Плюмерия
Rose	Роза
Sonnenblume	Подсолнух
Strauss	Букет
Tulpe	Тюльпан

Boote
Лодки

Anker	Якорь
Boje	Буй
Crew	Экипаж
Dock	Док
Fähre	Паром
Floss	Плот
Fluss	Река
Kajak	Каяк
Kanu	Каноэ
Mast	Мачта
Meer	Море
Motor	Двигатель
Nautisch	Морской
Ozean	Океан
See	Озеро
Seemann	Моряк
Seil	Веревка
Tide	Прилив
Wellen	Волны
Yacht	Яхта

Boxen
Заниматься Боксом

Ecke	Угол
Ellbogen	Локоть
Erschöpft	Измученный
Faust	Кулак
Fähigkeit	Навык
Fokus	Фокус
Gegner	Оппонент
Glocke	Колокол
Handschuhe	Перчатки
Kämpfer	Боец
Kick	Пинать
Kinn	Подбородок
Körper	Тело
Punkte	Точки
Schiedsrichter	Судья
Schnell	Быстрый
Seile	Веревки
Stärke	Сила
Verletzungen	Травм

Bücher
Книги

Abenteuer	Приключение
Autor	Автор
Charakter	Характер
Episch	Эпический
Erzähler	Рассказчик
Gedicht	Стих
Geschichte	История
Geschrieben	Написано
Historisch	Исторический
Kollektion	Коллекция
Kontext	Контекст
Leser	Читатель
Literarisch	Литературный
Poesie	Поэзия
Relevant	Уместный
Roman	Роман
Seite	Страница
Serie	Серии
Tragisch	Трагический
Wörter	Слова

Camping
Кемпинг

Abenteuer	Приключение
Bäume	Деревья
Berg	Гора
Feuer	Огонь
Hängematte	Гамак
Hut	Шляпа
Insekt	Насекомое
Jagd	Охота
Kanu	Каноэ
Karte	Карта
Kompass	Компас
Laterne	Фонарь
Mond	Луна
Natur	Природа
See	Озеро
Seil	Веревка
Spass	Веселье
Tiere	Животные
Wald	Лес
Zelt	Палатка

Chemie
Химия

Alkalisch	Щелочной
Chlor	Хлор
Elektron	Электрон
Enzym	Фермент
Flüssigkeit	Жидкость
Gas	Газ
Gewicht	Вес
Hitze	Жара
Ion	Ион
Katalysator	Катализатор
Kohlenstoff	Углерод
Molekül	Молекула
Nuklear	Ядерный
Organisch	Органический
Reaktion	Реакция
Salz	Соль
Sauerstoff	Кислород
Säure	Кислота
Temperatur	Температура
Wasserstoff	Водород

Diplomatie
Дипломатия

Auflösung	Резолюция
Ausländisch	Иностранный
Berater	Советник
Botschaft	Посольство
Botschafter	Посол
Bürger	Граждане
Diskussion	Обсуждение
Ethik	Этика
Gemeinschaft	Сообщество
Humanitär	Гуманитарный
Integrität	Целостность
Konflikt	Конфликт
Lösung	Решение
Politik	Политика
Regierung	Правительство
Sicherheit	Безопасность
Sprachen	Языки
Staatsbürgerlich	Гражданский
Verbündete	Союзник
Vertrag	Договор

Elektrizität
Электричество

Ausrüstung	Оборудование
Batterie	Батарея
Drähte	Провода
Elektriker	Электрик
Elektrisch	Электрический
Fernsehen	Телевидение
Generator	Генератор
Kabel	Кабель
Lampe	Лампа
Laser	Лазер
Magnet	Магнит
Menge	Количество
Negativ	Отрицательный
Netzwerk	Сеть
Objekte	Объекты
Positiv	Положительный
Steckdose	Разъем
Telefon	Телефон

Emotionen
Эмоции

Angst	Страх
Beschämt	Смущенный
Dankbar	Благодарный
Entspannt	Расслабленный
Freude	Радость
Freundlichkeit	Доброта
Frieden	Мир
Inhalt	Содержание
Langeweile	Скука
Liebe	Любовь
Relief	Облегчение
Ruhe	Спокойствие
Ruhig	Спокойный
Sympathie	Симпатия
Traurigkeit	Печаль
Überraschen	Сюрприз
Wut	Гнев
Zärtlichkeit	Нежность
Zufrieden	Доволен

Energie
Энергия

Batterie	Батарея
Benzin	Бензин
Brennstoff	Топливо
Dampf	Пар
Diesel	Дизель
Elektrisch	Электрический
Elektron	Электрон
Entropie	Энтропия
Hitze	Жара
Kohlenstoff	Углерод
Motor	Мотор
Nuklear	Ядерный
Photon	Фотон
Sonne	Солнце
Turbine	Турбина
Verschmutzung	Загрязнение
Wasserstoff	Водород
Wind	Ветер

Ernährung
Питание

Appetit	Аппетит
Bitter	Горький
Diät	Диета
Essbar	Съедобный
Fermentation	Ферментация
Geschmack	Вкус
Gesund	Здоровый
Gesundheit	Здоровье
Getreide	Хлопья
Gewicht	Вес
Kalorien	Калории
Kohlenhydrate	Углеводы
Nährstoff	Нутриент
Portion	Часть
Proteine	Белки
Qualität	Качество
Sosse	Соус
Toxin	Токсин
Verdauung	Пищеварение
Vitamin	Витамин

Essen #1
Еда #1

Basilikum	Базилик
Birne	Груша
Erdbeere	Клубника
Erdnuss	Арахис
Fleisch	Мясо
Kaffee	Кофе
Karotte	Морковь
Knoblauch	Чеснок
Milch	Молоко
Rübe	Репа
Saft	Сок
Salat	Салат
Salz	Соль
Spinat	Шпинат
Suppe	Суп
Thunfisch	Тунец
Zimt	Корица
Zitrone	Лимон
Zucker	Сахар
Zwiebel	Лук

Essen #2
Еда #2

Apfel	Яблоко
Artischocke	Артишок
Aubergine	Баклажан
Banane	Банан
Brokkoli	Брокколи
Brot	Хлеб
Ei	Яйцо
Fisch	Рыба
Joghurt	Йогурт
Käse	Сыр
Kirsche	Вишня
Mandel	Миндаль
Pilz	Гриб
Reis	Рис
Schinken	Ветчина
Schokolade	Шоколад
Sellerie	Сельдерей
Spargel	Спаржа
Tomate	Помидор
Weizen	Пшеница

Fahren
Вождение

Auto	Автомобиль
Bremsen	Тормоза
Brennstoff	Топливо
Bus	Автобус
Garage	Гараж
Gas	Газ
Gefahr	Опасность
Geschwindigkeit	Скорость
Karte	Карта
Lizenz	Лицензия
Lkw	Грузовик
Motor	Мотор
Motorrad	Мотоцикл
Polizei	Полиция
Sicherheit	Безопасность
Transport	Транспорт
Tunnel	Туннель
Unfall	Авария
Verkehr	Движение
Vorsicht	Осторожность

Fahrzeuge
Транспортные Средства

Auto	Автомобиль
Boot	Лодка
Bus	Автобус
Fahrrad	Велосипед
Fähre	Паром
Floss	Плот
Flugzeug	Самолет
Hubschrauber	Вертолет
Lkw	Грузовик
Motor	Мотор
Rakete	Ракета
Reifen	Шины
Roller	Скутер
Taxi	Такси
Traktor	Трактор
U-Bahn	Метро
Van	Фургон
Wohnwagen	Караван
Zug	Поезд

Familie
Семья

Bruder	Брат
Ehefrau	Жена
Ehemann	Муж
Enkel	Внук
Grossmutter	Бабушка
Grossvater	Дед
Kind	Ребенок
Kinder	Дети
Kindheit	Детство
Mutter	Мать
Mütterlich	Материнский
Neffe	Племянник
Nichte	Племянница
Onkel	Дядя
Schwester	Сестра
Tante	Тетя
Tochter	Дочь
Vater	Отец
Väterlich	Отцовский
Vorfahr	Предок

Farben
Цвета

Azurblau	Лазурный
Beige	Бежевый
Blau	Синий
Braun	Коричневый
Fuchsie	Фуксия
Gelb	Желтый
Grau	Серый
Grün	Зеленый
Indigo	Индиго
Lila	Фиолетовый
Magenta	Пурпурный
Orange	Оранжевый
Rosa	Розовый
Rot	Красный
Schwarz	Черный
Sepia	Сепия
Weiss	Белый
Zyan	Циан

Flugzeuge
Самолеты

Abenteuer	Приключение
Abstieg	Спуск
Atmosphäre	Атмосфера
Aufblasen	Надувать
Ballon	Воздушный Шар
Brennstoff	Топливо
Crew	Экипаж
Design	Дизайн
Geschichte	История
Himmel	Небо
Höhe	Высота
Konstruktion	Строительство
Luft	Воздух
Motor	Двигатель
Passagier	Пассажир
Pilot	Пилот
Propeller	Пропеллеры
Richtung	Направление
Wasserstoff	Водород
Wetter	Погода

Formen
Формы

Bogen	Дуга
Dreieck	Треугольник
Ecke	Угол
Ellipse	Эллипс
Hyperbel	Гипербола
Kanten	Края
Kegel	Конус
Kreis	Круг
Kurve	Изгиб
Linie	Линия
Oval	Овальный
Polygon	Полигон
Prisma	Призма
Pyramide	Пирамида
Quadrat	Площадь
Rechteck	Прямоугольник
Rund	Круглый
Seite	Сторона
Würfel	Куб
Zylinder	Цилиндр

Garten
Сад

Bank	Скамья
Baum	Дерево
Blume	Цветок
Boden	Почва
Busch	Куст
Garage	Гараж
Garten	Сад
Gras	Трава
Hängematte	Гамак
Rasen	Лужайка
Rechen	Грабли
Schaufel	Лопата
Schlauch	Шланг
Teich	Пруд
Terrasse	Терраса
Trampolin	Батут
Unkraut	Сорняки
Veranda	Крыльцо
Zaun	Забор

Gartenarbeit
Садоводство

Art	Вид
Blatt	Лист
Blüte	Цветение
Boden	Почва
Botanisch	Ботанический
Container	Контейнер
Essbar	Съедобный
Exotisch	Экзотический
Feuchtigkeit	Влага
Klima	Климат
Kompost	Компост
Laub	Листва
Obstgarten	Сад
Saat	Семена
Saisonal	Сезонный
Schlauch	Шланг
Schmutz	Грязь
Strauss	Букет
Wasser	Вода

Gebäude
Здания

Bauernhof	Ферма
Botschaft	Посольство
Fabrik	Завод
Garage	Гараж
Haus	Дом
Herberge	Общежитие
Hotel	Отель
Kino	Кино
Krankenhaus	Больница
Labor	Лаборатория
Museum	Музей
Observatorium	Обсерватория
Scheune	Амбар
Schule	Школа
Stadion	Стадион
Supermarkt	Супермаркет
Theater	Театр
Turm	Башня
Universität	Университет
Zelt	Палатка

Gemüse
Овощи

Artischocke	Артишок
Aubergine	Баклажан
Brokkoli	Брокколи
Erbse	Горох
Gurke	Огурец
Ingwer	Имбирь
Karotte	Морковь
Kartoffel	Картофель
Knoblauch	Чеснок
Kürbis	Тыква
Olive	Оливка
Petersilie	Петрушка
Pilz	Гриб
Rübe	Репа
Salat	Салат
Sellerie	Сельдерей
Spinat	Шпинат
Tomate	Помидор
Zucchini	Цуккини
Zwiebel	Лук

Geographie
География

Atlas	Атлас
Äquator	Экватор
Berg	Гора
Breite	Широта
Fluss	Река
Gebiet	Территория
Hemisphäre	Полусфера
Höhe	Высота
Insel	Остров
Karte	Карта
Kontinent	Континент
Land	Страна
Meer	Море
Meridian	Меридиан
Norden	Север
Ozean	Океан
Region	Регион
Stadt	Город
Welt	Мир
West	Запад

Geologie
Геология

Erdbeben	Землетрясение
Erosion	Эрозия
Fossil	Ископаемое
Geschmolzen	Расплавленный
Geysir	Гейзер
Höhle	Пещера
Kalzium	Кальций
Kontinent	Континент
Koralle	Коралл
Lava	Лава
Mineralien	Минералы
Plateau	Плато
Quarz	Кварц
Salz	Соль
Säure	Кислота
Stalagmiten	Сталагмиты
Stalaktit	Сталактит
Stein	Камень
Vulkan	Вулкан
Zone	Зона

Geometrie
Геометрия

Anteil	Пропорция
Berechnung	Расчет
Dimension	Измерение
Dreieck	Треугольник
Durchmesser	Диаметр
Gleichung	Уравнение
Höhe	Высота
Kreis	Круг
Kurve	Изгиб
Logik	Логика
Masse	Масса
Nummer	Число
Oberfläche	Поверхность
Parallel	Параллель
Quadrat	Площадь
Radius	Радиус
Segment	Сегмент
Symmetrie	Симметрия
Theorie	Теория
Winkel	Угол

Geschäft
Бизнес

Arbeitgeber	Работодатель
Budget	Бюджет
Büro	Офис
Einkommen	Доход
Fabrik	Завод
Geld	Деньги
Geschäft	Магазин
Gewinn	Прибыль
Investition	Инвестиции
Karriere	Карьера
Kosten	Стоимость
Manager	Менеджер
Mitarbeiter	Работник
Rabatt	Скидка
Steuern	Налоги
Transaktion	Сделка
Verkauf	Продажа
Ware	Товар
Währung	Валюта
Wirtschaft	Экономика

Gesundheit und Wellness #1
Здоровье и Благополучие #1

Aktiv	Активный
Apotheke	Аптека
Arzt	Врач
Bakterien	Бактерии
Behandlung	Лечение
Entspannung	Релаксация
Fraktur	Перелом
Gewohnheit	Привычка
Haut	Кожа
Hormone	Гормоны
Höhe	Высота
Hunger	Голод
Klinik	Клиника
Knochen	Кости
Medizin	Медицина
Nerven	Нервы
Reflex	Рефлекс
Therapie	Терапия
Verletzung	Травма
Virus	Вирус

Gesundheit und Wellness #2
Здоровье и Благополучие #2

Allergie	Аллергия
Anatomie	Анатомия
Appetit	Аппетит
Blut	Кровь
Diät	Диета
Energie	Энергия
Genetik	Генетика
Gesund	Здоровый
Gewicht	Вес
Hygiene	Гигиена
Infektion	Инфекция
Kalorie	Калория
Krankenhaus	Больница
Krankheit	Болезнь
Massage	Массаж
Risiken	Риски
Schlafen	Спать
Sport	Спортивный
Stress	Стресс
Vitamin	Витамин

Gewürze
Специи

Anis	Анис
Bitter	Горький
Curry	Карри
Fenchel	Фенхель
Geschmack	Вкус
Ingwer	Имбирь
Kardamom	Кардамон
Knoblauch	Чеснок
Kreuzkümmel	Тмин
Lakritze	Солодка
Nelke	Гвоздика
Paprika	Паприка
Pfeffer	Перец
Safran	Шафран
Salz	Соль
Sauer	Кислый
Süss	Сладкий
Vanille	Ваниль
Zimt	Корица
Zwiebel	Лук

Haartypen
Типы Волос

Blond	Блондин
Braun	Коричневый
Dick	Толстый
Dünn	Тонкий
Farbig	Цветной
Geflochten	Плетеный
Gesund	Здоровый
Glänzend	Блестящий
Grau	Серый
Kahl	Лысый
Kurz	Короткая
Lang	Длинный
Locken	Кудри
Lockig	Кудрявый
Schwarz	Черный
Silber	Серебро
Trocken	Сухой
Weich	Мягкий
Weiss	Белый
Zöpfe	Косы

Haus
Дом

Besen	Метла
Bibliothek	Библиотека
Dach	Крыша
Dachboden	Чердак
Decke	Потолок
Dusche	Душ
Fenster	Окно
Garage	Гараж
Garten	Сад
Kamin	Камин
Küche	Кухня
Lampe	Лампа
Möbel	Мебель
Schlafzimmer	Спальня
Schornstein	Дымоход
Spiegel	Зеркало
Tür	Дверь
Wand	Стена
Zaun	Забор
Zimmer	Комната

Ingenieurwesen
Инженерия

Achse	Ось
Berechnung	Расчет
Diagramm	Диаграмма
Diesel	Дизель
Durchmesser	Диаметр
Energie	Энергия
Flüssigkeit	Жидкость
Getriebe	Шестерни
Hebel	Рычаги
Konstruktion	Строительство
Maschine	Машина
Messung	Измерение
Motor	Мотор
Reibung	Трение
Stabilität	Стабильность
Stärke	Сила
Struktur	Структура
Tiefe	Глубина
Verteilung	Распределение
Winkel	Угол

Jazz
Джаз

Album	Альбом
Alt	Старый
Applaus	Аплодисменты
Berühmt	Известный
Favoriten	Избранное
Genre	Жанр
Improvisation	Импровизация
Komponist	Композитор
Konzert	Концерт
Künstler	Художник
Lied	Песня
Musik	Музыка
Musiker	Музыканты
Neu	Новый
Orchester	Оркестр
Rhythmus	Ритм
Solo	Соло
Stil	Стиль
Talent	Талант
Technik	Техника

Kaffee
Кофе

Aroma	Аромат
Bitter	Горький
Creme	Крем
Filter	Фильтр
Flüssigkeit	Жидкость
Geröstet	Жареный
Geschmack	Вкус
Getränk	Напиток
Koffein	Кофеин
Mahlen	Молоть
Milch	Молоко
Morgen	Утро
Preis	Цена
Schwarz	Черный
Tasse	Чашка
Trinken	Пить
Ursprung	Происхождение
Vielfalt	Разнообразие
Wasser	Вода
Zucker	Сахар

Kleidung
Одежда

Armband	Браслет
Bluse	Блуза
Gürtel	Пояс
Halskette	Ожерелье
Handschuhe	Перчатки
Hemd	Рубашка
Hose	Брюки
Hut	Шляпа
Jacke	Куртка
Jeans	Джинсы
Kleid	Платье
Mantel	Пальто
Mode	Мода
Pullover	Свитер
Rock	Юбка
Sandalen	Сандалии
Schal	Шарф
Schlafanzug	Пижама
Schuh	Обувь
Schürze	Фартук

Kraft und Schwerkraft
Сила и Гравитация

Abstand	Расстояние
Achse	Ось
Center	Центр
Druck	Давление
Dynamisch	Динамический
Eigenschaften	Свойства
Entdeckung	Открытие
Expansion	Расширение
Geschwindigkeit	Скорость
Gewicht	Вес
Magnetismus	Магнетизм
Mechanik	Механика
Orbit	Орбита
Physik	Физика
Planeten	Планеты
Reibung	Трение
Universal	Универсальный
Zeit	Время

Krankheit
Заболевание

Abdominal	Брюшной
Akut	Острый
Allergien	Аллергии
Ansteckend	Заразный
Atemwege	Дыхательный
Bakteriell	Бактериальный
Chronisch	Хронический
Entzündung	Воспаление
Genetisch	Генетический
Gesundheit	Здоровье
Herz	Сердце
Immunität	Иммунитет
Knochen	Кости
Körper	Тело
Neuropathie	Невропатия
Pulmonal	Легочный
Schwach	Слабый
Sinus	Синус
Syndrom	Синдром
Therapie	Терапия

Kräuterkunde
Тимбализм

Aromatisch	Ароматический
Basilikum	Базилик
Blume	Цветок
Dill	Укроп
Estragon	Эстрагон
Fenchel	Фенхель
Garten	Сад
Geschmack	Вкус
Grün	Зеленый
Knoblauch	Чеснок
Kulinarisch	Кулинарный
Lavendel	Лаванда
Majoran	Майоран
Petersilie	Петрушка
Qualität	Качество
Rosmarin	Розмарин
Safran	Шафран
Thymian	Тимьян
Vorteilhaft	Выгодный
Zutat	Ингредиент

Kunst Liefert
Художественные Принадлежности

Acryl	Акриловый
Bleistifte	Карандаши
Bürsten	Щетки
Farben	Цвета
Holzkohle	Уголь
Ideen	Идеи
Kamera	Камера
Kreativität	Креативность
Leim	Клей
Öl	Масло
Papier	Бумага
Radiergummi	Ластик
Staffelei	Мольберт
Stuhl	Стул
Tabelle	Стол
Tinte	Чернила
Ton	Глина
Wasser	Вода

Landschaften
Пейзажи

Berg	Гора
Eisberg	Айсберг
Fluss	Река
Geysir	Гейзер
Gletscher	Ледник
Golf	Залив
Halbinsel	Полуостров
Höhle	Пещера
Hügel	Холм
Insel	Остров
Meer	Море
Oase	Оазис
See	Озеро
Strand	Пляж
Sumpf	Болото
Tal	Долина
Tundra	Тундра
Vulkan	Вулкан
Wasserfall	Водопад
Wüste	Пустыня

Länder #1
Страны #1

Ägypten	Египет
Brasilien	Бразилия
Deutschland	Германия
Finnland	Финляндия
Indien	Индия
Irak	Ирак
Israel	Израиль
Italien	Италия
Kambodscha	Камбоджа
Kanada	Канада
Lettland	Латвия
Mali	Мали
Nicaragua	Никарагуа
Norwegen	Норвегия
Polen	Польша
Rumänien	Румыния
Senegal	Сенегал
Spanien	Испания
Venezuela	Венесуэла
Vietnam	Вьетнам

Länder #2
Страны #2

Albanien	Албания
Äthiopien	Эфиопия
Frankreich	Франция
Griechenland	Греция
Haiti	Гаити
Irland	Ирландия
Jamaika	Ямайка
Japan	Япония
Kenia	Кения
Laos	Лаос
Liberia	Либерия
Mexiko	Мексика
Nepal	Непал
Nigeria	Нигерия
Pakistan	Пакистан
Russland	Россия
Sudan	Судан
Syrien	Сирия
Uganda	Уганда
Ukraine	Украина

Literatur
Литература

Analogie	Аналогия
Analyse	Анализ
Anekdote	Анекдот
Autor	Автор
Beschreibung	Описание
Biographie	Биография
Dialog	Диалог
Erzähler	Рассказчик
Gedicht	Стих
Genre	Жанр
Metapher	Метафора
Poetisch	Поэтика
Reim	Рифма
Rhythmus	Ритм
Roman	Роман
Schlussfolgerung	Заключение
Stil	Стиль
Thema	Тема
Tragödie	Трагедия
Vergleich	Сравнение

Mathematik
Математика

Arithmetik	Арифметика
Bruchteil	Фракция
Dezimal	Десятичный
Dreieck	Треугольник
Durchmesser	Диаметр
Exponent	Экспонент
Geometrie	Геометрия
Gleichung	Уравнение
Kugel	Сфера
Parallel	Параллель
Polygon	Полигон
Quadrat	Площадь
Radius	Радиус
Rechteck	Прямоугольник
Senkrecht	Перпендикуляр
Summe	Сумма
Symmetrie	Симметрия
Umfang	Периметр
Volumen	Объем
Winkel	Углы

Meditation
Медитация

Annahme	Принятие
Atmung	Дыхание
Aufmerksamkeit	Внимание
Bewegung	Движение
Dankbarkeit	Благодарность
Freundlichkeit	Доброта
Frieden	Мир
Gedanken	Мысли
Geistig	Умственный
Glück	Счастье
Klarheit	Ясность
Lehre	Учения
Mitgefühl	Сострадание
Musik	Музыка
Natur	Природа
Perspektive	Перспектива
Ruhig	Спокойный
Stille	Тишина
Verstand	Ум
Wach	Бодрствующий

Menschlicher Körper
Тело Человека

Bein	Нога
Blut	Кровь
Ellbogen	Локоть
Finger	Палец
Gehirn	Мозг
Gesicht	Лицо
Hals	Шея
Hand	Рука
Haut	Кожа
Herz	Сердце
Kiefer	Челюсть
Kinn	Подбородок
Knie	Колено
Knöchel	Лодыжка
Kopf	Голова
Mund	Рот
Nase	Нос
Ohr	Ухо
Schulter	Плечо
Zunge	Язык

Messungen
Измерения

Breite	Ширина
Byte	Байт
Dezimal	Десятичный
Gewicht	Вес
Grad	Степень
Gramm	Грамм
Höhe	Высота
Kilogramm	Килограмм
Kilometer	Километр
Länge	Длина
Liter	Литр
Masse	Масса
Meter	Метр
Minute	Минута
Tiefe	Глубина
Tonne	Тонна
Unze	Унция
Volumen	Объем
Zentimeter	Сантиметр
Zoll	Дюйм

Mode
Мода

Bescheiden	Скромный
Boutique	Бутик
Einfach	Простой
Elegant	Элегантный
Erschwinglich	Доступный
Kleidung	Одежда
Komfortabel	Удобный
Minimalistisch	Минималист
Modern	Современный
Muster	Шаблон
Original	Оригинал
Praktisch	Практический
Spitze	Кружево
Stickerei	Вышивка
Stil	Стиль
Stoff	Ткань
Tasten	Кнопки
Teuer	Дорогой
Textur	Текстура
Trend	Тенденция

Musik
Музыка

Album	Альбом
Aufnahme	Запись
Ballade	Баллада
Chor	Хор
Harmonie	Гармония
Harmonisch	Гармонический
Instrument	Инструмент
Klassisch	Классический
Lyrisch	Лирический
Melodie	Мелодия
Mikrofon	Микрофон
Musical	Музыкальный
Musiker	Музыкант
Oper	Опера
Poetisch	Поэтика
Rhythmisch	Ритмичный
Rhythmus	Ритм
Sänger	Певец
Singen	Петь
Tempo	Темп

Musikinstrumente
Музыкальные Инструменты

Banjo	Банджо
Cello	Виолончель
Fagott	Фагот
Flöte	Флейта
Geige	Скрипка
Gitarre	Гитара
Gong	Гонг
Harfe	Арфа
Klarinette	Кларнет
Klavier	Пианино
Mandoline	Мандолина
Marimba	Маримба
Mundharmonika	Гармоника
Oboe	Гобой
Posaune	Тромбон
Saxophon	Саксофон
Schlagzeug	Перкуссия
Tamburin	Бубен
Trommel	Барабан
Trompete	Труба

Mythologie
Мифология

Archetyp	Архетип
Blitz	Молния
Donner	Гром
Eifersucht	Ревность
Held	Герой
Himmel	Небеса
Katastrophe	Катастрофа
Kreation	Создание
Kreatur	Существо
Krieger	Воин
Kultur	Культура
Labyrinth	Лабиринт
Legende	Легенда
Magisch	Волшебный
Monster	Монстр
Rache	Месть
Stärke	Сила
Sterblich	Смертный
Unsterblichkeit	Бессмертие
Verhalten	Поведение

Natur
Природа

Arktis	Арктический
Berge	Горы
Bienen	Пчелы
Dynamisch	Динамический
Erosion	Эрозия
Fluss	Река
Friedlich	Мирный
Gletscher	Ледник
Heiligtum	Святилище
Heiter	Безмятежный
Laub	Листва
Nebel	Туман
Schönheit	Красота
Schutz	Укрытие
Tiere	Животные
Tropisch	Тропический
Wald	Лес
Wild	Дикий
Wolken	Облака
Wüste	Пустыня

Obst
Фрукты

Ananas	Ананас
Apfel	Яблоко
Aprikose	Абрикос
Avocado	Авокадо
Banane	Банан
Beere	Ягода
Birne	Груша
Brombeere	Ежевика
Himbeere	Малина
Kirsche	Вишня
Kiwi	Киви
Kokosnuss	Кокос
Melone	Дыня
Nektarine	Нектарин
Orange	Оранжевый
Papaya	Папайя
Pfirsich	Персик
Pflaume	Слива
Traube	Виноград
Zitrone	Лимон

Ozean
Океан

Aal	Угорь
Auster	Устрица
Boot	Лодка
Delfin	Дельфин
Fisch	Рыба
Garnele	Креветка
Gezeiten	Приливы
Hai	Акула
Koralle	Коралл
Krabbe	Краб
Krake	Осьминог
Qualle	Медуза
Riff	Риф
Salz	Соль
Schildkröte	Черепаха
Schwamm	Губка
Sturm	Буря
Thunfisch	Тунец
Wal	Кит
Wellen	Волны

Pflanzen
Растения

Bambus	Бамбук
Baum	Дерево
Beere	Ягода
Blatt	Лист
Blume	Цветок
Blütenblatt	Лепесток
Bohne	Боб
Botanik	Ботаника
Busch	Куст
Dünger	Удобрение
Efeu	Плющ
Flora	Флора
Garten	Сад
Gras	Трава
Kaktus	Кактус
Laub	Листва
Moos	Мох
Sonne	Солнце
Wald	Лес
Wurzel	Корень

Physik
Физика

Atom	Атом
Beschleunigung	Ускорение
Chaos	Хаос
Chemisch	Химические
Dichte	Плотность
Elektron	Электрон
Experiment	Эксперимент
Formel	Формула
Frequenz	Частота
Gas	Газ
Geschwindigkeit	Скорость
Magnetismus	Магнетизм
Masse	Масса
Mechanik	Механика
Molekül	Молекула
Motor	Двигатель
Nuklear	Ядерный
Partikel	Частица
Universal	Универсальный
Variable	Переменная

Psychologie
Психология

Bewertung	Оценка
Bewusstlos	Без Сознания
Ego	Эго
Einflüsse	Влияния
Erinnerungen	Воспоминания
Gedanken	Мысли
Ideen	Идеи
Kindheit	Детство
Klinisch	Клинический
Kognition	Познание
Konflikt	Конфликт
Persönlichkeit	Личность
Problem	Проблема
Sensation	Сенсация
Therapie	Терапия
Träume	Мечты
Unterbewusstsein	Подсознание
Verhalten	Поведение
Wahrnehmung	Восприятие
Wirklichkeit	Реальность

Regierung
Правительство

Bezirk	Район
Demokratie	Демократия
Denkmal	Памятник
Diskussion	Обсуждение
Freiheit	Свобода
Friedlich	Мирный
Führer	Лидер
Gesetz	Закон
Gleichheit	Равенство
Justiziell	Судебный
Nation	Нация
National	Национальный
Politik	Политика
Rechte	Права
Rede	Речь
Staat	Государство
Symbol	Символ
Unabhängigkeit	Независимость
Verfassung	Конституция
Zivil	Гражданский

Restaurant #2
Ресторан #2

Abendessen	Обед
Eier	Яйца
Eis	Лед
Fisch	Рыба
Frucht	Фрукт
Gabel	Вилка
Gemüse	Овощи
Getränk	Напиток
Gewürze	Специи
Kellner	Официант
Köstlich	Вкусный
Kuchen	Торт
Löffel	Ложка
Nudeln	Лапша
Salat	Салат
Salz	Соль
Stuhl	Стул
Suppe	Суп
Vorspeise	Закуска
Wasser	Вода

Säugetiere
Млекопитающие

Affe	Обезьяна
Bär	Медведь
Biber	Бобр
Elefant	Слон
Fuchs	Лиса
Giraffe	Жираф
Gorilla	Горилла
Hund	Собака
Känguru	Кенгуру
Kojote	Койот
Löwe	Лев
Panther	Пантера
Pferd	Лошадь
Ratte	Крыса
Schaf	Овца
Stier	Бык
Tiger	Тигр
Wal	Кит
Wolf	Волк
Zebra	Зебра

Schach
Шахматы

Champion	Чемпион
Diagonal	Диагональ
Gegner	Оппонент
Klug	Умный
König	Король
Königin	Королева
Opfer	Жертва
Passiv	Пассивный
Punkte	Точки
Regeln	Правила
Schwarz	Черный
Spiel	Игра
Spieler	Игрок
Strategie	Стратегия
Turnier	Турнир
Weiss	Белый
Wettbewerb	Конкурс
Zeit	Время

Schokolade
Шоколад

Antioxidans	Антиоксидант
Aroma	Аромат
Bitter	Горький
Erdnüsse	Арахис
Exotisch	Экзотический
Favorit	Любимый
Geschmack	Вкус
Kakao	Какао
Kalorien	Калории
Karamell	Карамель
Kokosnuss	Кокос
Köstlich	Вкусный
Pulver	Порошок
Qualität	Качество
Rezept	Рецепт
Süss	Сладкий
Zucker	Сахар
Zutat	Ингредиент

Schönheit
Красота

Anmut	Грация
Charme	Очарование
Dienstleistungen	Услуги
Duft	Аромат
Elegant	Элегантный
Eleganz	Элегантность
Farbe	Цвет
Fotogen	Фотогеничный
Glatt	Гладкий
Haut	Кожа
Kosmetik	Косметика
Lippenstift	Помада
Locken	Кудри
Öle	Масла
Produkte	Продукты
Schere	Ножницы
Shampoo	Шампунь
Spiegel	Зеркало
Stylist	Стилист

Science Fiction
Научная Фантастика

Atomic	Атомный
Bücher	Книги
Dystopie	Антиутопия
Explosion	Взрыв
Extrem	Экстремальный
Feuer	Огонь
Galaxie	Галактика
Geheimnisvoll	Таинственный
Illusion	Иллюзия
Imaginär	Воображаемый
Kino	Кино
Orakel	Оракул
Planet	Планета
Realistisch	Реалистичный
Roboter	Роботы
Romane	Романы
Szenario	Сценарий
Technologie	Технология
Utopie	Утопия
Welt	Мир

Sport
Виды Спорта

Athlet	Спортсмен
Baseball	Бейсбол
Basketball	Баскетбол
Bewegung	Движение
Eishockey	Хоккей
Fahrrad	Велосипед
Gewinner	Победитель
Golf	Гольф
Gymnasium	Гимназия
Gymnastik	Гимнастика
Mannschaft	Команда
Meisterschaft	Чемпионат
Schiedsrichter	Судья
Schwimmen	Плавать
Spiel	Игра
Spieler	Игрок
Stadion	Стадион
Tennis	Теннис
Trainer	Тренер

Stadt
Город

Apotheke	Аптека
Bank	Банк
Bäckerei	Пекарня
Bibliothek	Библиотека
Blumenhändler	Флорист
Flughafen	Аэропорт
Galerie	Галерея
Hotel	Отель
Kino	Кино
Klinik	Клиника
Markt	Рынок
Museum	Музей
Restaurant	Ресторан
Salon	Салон
Schule	Школа
Stadion	Стадион
Supermarkt	Супермаркет
Theater	Театр
Universität	Университет
Zoo	Зоопарк

Tage und Monate
Дни и Месяцы

August	Август
Dezember	Декабрь
Dienstag	Вторник
Donnerstag	Четверг
Februar	Февраль
Freitag	Пятница
Jahr	Год
Januar	Январь
Juli	Июль
Juni	Июнь
Kalender	Календарь
Mittwoch	Среда
Monat	Месяц
Montag	Понедельник
November	Ноябрь
Oktober	Октябрь
Samstag	Суббота
September	Сентябрь
Sonntag	Воскресенье
Woche	Неделя

Tanzen
Танец

Akademie	Академия
Anmut	Грация
Ausdrucksvoll	Выразительный
Bewegung	Движение
Choreographie	Хореография
Emotion	Эмоция
Freudig	Радостный
Haltung	Поза
Klassisch	Классический
Körper	Тело
Kultur	Культура
Kulturell	Культурный
Kunst	Искусство
Musik	Музыка
Partner	Партнер
Probe	Репетиция
Rhythmus	Ритм
Traditionell	Традиционный
Visuell	Визуальный

Universum
Вселенная

Asteroid	Астероид
Astronom	Астроном
Astronomie	Астрономия
Atmosphäre	Атмосфера
Äon	Вечность
Äquator	Экватор
Breite	Широта
Dunkelheit	Темнота
Galaxie	Галактика
Hemisphäre	Полусфера
Himmel	Небо
Horizont	Горизонт
Kosmisch	Космический
Längengrad	Долгота
Mond	Луна
Orbit	Орбита
Sichtbar	Видимый
Sonnenwende	Солнцестояние
Teleskop	Телескоп
Tierkreis	Зодиак

Urlaub #2
Отпуск #2

Ausländer	Иностранец
Ausländisch	Иностранный
Berge	Горы
Camping	Кемпинг
Flughafen	Аэропорт
Freizeit	Досуг
Hotel	Отель
Insel	Остров
Karte	Карта
Meer	Море
Pass	Паспорт
Reise	Путешествие
Restaurant	Ресторан
Strand	Пляж
Taxi	Такси
Transport	Транспорт
Urlaub	Праздник
Visum	Виза
Zelt	Палатка
Zug	Поезд

Vögel
Птицы

Adler	Орел
Ei	Яйцо
Ente	Утка
Eule	Сова
Flamingo	Фламинго
Gans	Гусь
Huhn	Курица
Krähe	Ворона
Kuckuck	Кукушка
Möwe	Чайка
Papagei	Попугай
Pelikan	Пеликан
Pfau	Павлин
Pinguin	Пингвин
Rabe	Ворон
Reiher	Цапля
Schwan	Лебедь
Spatz	Воробей
Storch	Аист
Taube	Голубь

Wandern
Пеший Туризм

Berg	Гора
Camping	Кемпинг
Gefahren	Опасности
Gipfel	Саммит
Karte	Карта
Klima	Климат
Klippe	Утес
Müde	Усталый
Natur	Природа
Orientierung	Ориентация
Parks	Парки
Schwer	Тяжелый
Sonne	Солнце
Steine	Камни
Stiefel	Ботинки
Tiere	Животные
Vorbereitung	Подготовка
Wasser	Вода
Wetter	Погода
Wild	Дикий

Wasser
Вода

Bewässerung	Орошение
Dampf	Пар
Dusche	Душ
Eis	Лед
Feuchtigkeit	Влажность
Fluss	Река
Flut	Наводнение
Frost	Мороз
Geysir	Гейзер
Hurrikan	Ураган
Kanal	Канал
Monsun	Муссон
Ozean	Океан
Regen	Дождь
Schnee	Снег
See	Озеро
Trinkbar	Питьевой
Verdunstung	Испарение
Wellen	Волны

Wetter
Погода

Atmosphäre	Атмосфера
Blitz	Молния
Brise	Бриз
Donner	Гром
Dürre	Засуха
Eis	Лед
Himmel	Небо
Hurrikan	Ураган
Klima	Климат
Monsun	Муссон
Nebel	Туман
Polar	Полярный
Regenbogen	Радуга
Sturm	Буря
Temperatur	Температура
Tornado	Торнадо
Trocken	Сухой
Tropisch	Тропический
Wind	Ветер
Wolke	Облако

Wissenschaft
Наука

Atom	Атом
Chemisch	Химические
Daten	Данные
Evolution	Эволюция
Experiment	Эксперимент
Fossil	Ископаемое
Hypothese	Гипотеза
Klima	Климат
Labor	Лаборатория
Methode	Метод
Mineralien	Минералы
Moleküle	Молекулы
Natur	Природа
Organismus	Организм
Partikel	Частицы
Pflanzen	Растения
Physik	Физика
Schwerkraft	Гравитация
Tatsache	Факт
Wissenschaftler	Ученый

Wissenschaftliche Disziplinen
Научные Дисциплины

Anatomie	Анатомия
Archäologie	Археология
Astronomie	Астрономия
Biochemie	Биохимия
Biologie	Биология
Botanik	Ботаника
Chemie	Химия
Geologie	Геология
Immunologie	Иммунология
Kinesiologie	Кинезиология
Linguistik	Лингвистика
Mechanik	Механика
Mineralogie	Минералогия
Neurologie	Неврология
Ökologie	Экология
Physiologie	Физиология
Psychologie	Психология
Soziologie	Социология
Thermodynamik	Термодинамика
Zoologie	Зоология

Zahlen
Цифры

Acht	Восемь
Achtzehn	Восемнадцать
Dezimal	Десятичный
Drei	Три
Dreizehn	Тринадцать
Fünf	Пять
Fünfzehn	Пятнадцать
Neun	Девять
Neunzehn	Девятнадцать
Null	Нуль
Sechs	Шесть
Sechzehn	Шестнадцать
Sieben	Семь
Siebzehn	Семнадцать
Vier	Четыре
Vierzehn	Четырнадцать
Zehn	Десять
Zwanzig	Двадцать
Zwei	Два
Zwölf	Двенадцать

Zeit
Время

Gestern	Вчера
Heute	Сегодня
Jahr	Год
Jahrhundert	Век
Jahrzehnt	Десятилетие
Jährlich	Ежегодный
Jetzt	Сейчас
Kalender	Календарь
Minute	Минута
Mittag	Полдень
Monat	Месяц
Morgen	Утро
Nach	После
Nacht	Ночь
Stunde	Час
Tag	День
Uhr	Часы
Vor	До
Woche	Неделя
Zukunft	Будущее

Gratuliere

Sie haben es geschafft !!

Wir hoffen, dass euch dieses Buch genauso viel Spaß gemacht hat wie uns dessen Herstellung. Wir tun unser Bestes, um qualitativ hochwertige Spiele zu erfinden. Diese Rätsel sind auf eine clevere Art und Weise entworfen, damit sie aktiv lernen und daran Vergnügen finden.

Hat ihnen das Buch gefallen ?

Eine einfache Bitte

Unsere Bücher existieren dank der Rezensionen, die sie veröffentlichen. Können sie uns helfen indem sie jetzt eine Meinung hinterlassen ?

Hier ist ein kurzer Link, der Sie zu ihrer Bewertungsseite führt

BestBooksActivity.com/Rezension50

MONSTER HERAUSFÖRDERUNGEN !

Herausförderung 1

Bereit für ihr Bonusspiel? Wir verwenden sie ständig, aber sie sind nicht einfach zu finden. Es sind die **Synonyme** !

Notieren sie 5 Wörter, die sie in den untenstehenden Rätseln (Nummer 21, 36 und 76) entdeckt haben und versuchen sie für jedes Wort 2 Synonyme zu finden .

*Notieren sie 5 Wörter aus **Rätsel 21***

Wörter	Synonym 1	Synonym 2

*Notieren sie 5 Wörter aus **Rätsel 36***

Wörter	Synonym 1	Synonym 2

*Notieren sie 5 Wörter aus **Rätsel 76***

Wörter	Synonym 1	Synonym 2

Herausförderung 2

Jetzt, wo sie warm sind, notieren sie 5 Wörter, die sie in jedem der untenaufgeführten Rätseln entdeckt haben (Nummer 9, 17 und 25) und versuchen sie für jedes Wort 2 Antonyme zu finden. Wie viele davon können sie binnen 20 Minuten finden ?

*Notieren sie 5 Wörter aus **Rätsel 9***

Wörter	Antonym 1	Antonym 2

*Notieren sie 5 Wörter aus **Rätsel 17***

Wörter	Antonym 1	Antonym 2

*Notieren sie 5 Wörter aus **Rätsel 25***

Wörter	Antonym 1	Antonym 2

Herausförderung 3

Wunderbar, diese Monster Herausförderung  wird kein Problem für sie sein !

Bereit für die letzte Herausförderung? Wählen sie ihre 10 Lieblingswörter aus, die sie in einem Rätsel entdeckt haben und notieren sie sie unten.

1.	6.
2.	7.
3.	8.
4.	9.
5.	10.

Die Aufgabe besteht nun darin mit diesen Wörtern und in maximal sechs Sätzen einen Text herzustellen über eine Person, ein Tier oder ein Ort den sie lieben !

Tipp : sie können die letzten leeren Seiten dieses Buches als Entwurf verwenden

Ihr Schreiben :

NOTIZBUCH :

AUF BALDIGES WIEDERSEHEN !

Linguas Classics

www.ingramcontent.com/pod-product-compliance
Lightning Source LLC
Chambersburg PA
CBHW081714120626
46550CB00010B/3125
* 9 7 9 8 8 9 6 7 0 0 9 8 2 *